FAO中文出版计划项目丛书

# 气候智慧型农业与可持续发展目标

## ——互联与协同及冲突关系的解析和综合实施指南

联合国粮食及农业组织　编著

张卫建　张星玥　译

中国农业出版社
联合国粮食及农业组织
2021·北京

**引用格式要求**：

粮农组织和中国农业出版社。2021年。《气候智慧型农业与可持续发展目标——互联与协同及冲突关系的解析和综合实施指南》。中国北京。

10-CPP2020

本出版物原版为英文，即 *Climate-smart agriculture and the Sustainable Development Goals: Mapping interlinkages, synergies and trade-offs and guidelines for integrated implementation*，由联合国粮食及农业组织于2019年出版。此中文翻译由中国农业科学院作物科学研究所安排并对翻译的准确性及质量负全部责任。如有出入，应以英文原版为准。

ISBN 978-92-5-134689-1（粮农组织）
ISBN 978-7-109-28518-7（中国农业出版社）

FAO中文出版计划项目丛书

# 指 导 委 员 会

主　任　隋鹏飞

副主任　谢建民　倪洪兴　韦正林　彭廷军　童玉娥　蔺惠芳

委　员　徐　明　徐玉波　朱宝颖　傅永东

# FAO中文出版计划项目丛书

## 译审委员会

## 本书译审名单

# 前　言

　　在持久的粮食不安全、日益增长的世界人口、日趋加剧的全球变暖及其对农业生产影响下，气候智慧型农业（CSA）的实施意义显得更为突出。气候智慧型农业致力于协同实现农业生产力和收入可持续提高、农业气候韧性和适应性显著增强、农业源温室气体减少或消除这三大目标，但是要实现这"三赢"并非易事，我们必须要有所权衡取舍。所以，气候智慧型农业还必须考虑其实施结果的总体可持续性，以便在与饥饿和气候变化的斗争中，取得真正积极和持久的成效。

　　《联合国2030年可持续发展议程》（以下简称《2030年议程》）中的17项可持续发展目标（SDGs）和169个具体目标，为从各个方面实现可持续发展提供了一个公认的综合框架。气候智慧型农业方法与《2030年议程》整合，有望增强气候智慧型农业实施结果的总体可持续性，并使气候智慧型农业干预措施与其他可持续发展努力协同一致。为了实现这种整合，我们需要清楚地了解气候智慧型农业的五个实施步骤是如何与《2030年议程》互动的。此外，还需要充分了解气候智慧型农业宗旨与可持续发展目标及其具体目标之间的相互联系，即它们之间潜在的协同作用和所需权衡的冲突关系。

　　本书解析了气候智慧型农业和可持续发展目标之间的相互联系。这为开展有针对性的气候智慧型农业规划提供了切入点，以增强它们之间的协同作用，并减少气候智慧型农业宗旨与可持续发展目标之间可能的冲突。本书还提供了将气候智慧型农业实施步骤与《2030年议程》相结合的实施指南，其重要作用是与《巴黎协定》以及各国承诺的国家自主贡献（NDCs）相结合。该指南是对《2030年议程》的补充，以及各国在气候行动方面作出承诺的主要参考点。

　　希望本书能为各国政府和其他利益相关者提供启发，以促进气候智慧型农业工作与《2030年议程》及《巴黎协定》等相互融合。这将构建开启气候智慧型农业助力可持续发展目标实现的第一步。

Alexander Jones

联合国粮农组织

气候环境司司长

# 致　谢

本书是在FAO自然资源高级官员Rima Al-Azar的总体协调和支持下，由FAO顾问兼首席作者Shereen D'Souza与FAO顾问兼协调与合作人Julian Schnetzer共同编写。

作者对在本书准备期间所采访的下列政府和非政府机构代表们所提供的宝贵信息致以衷心的感谢：

（1）孟加拉国：Abdur Rouf女士（农业部政策、规划和协调副秘书长）、Saifullah女士（孟加拉国农业研究理事会首席科学官）、Sirajul Islam女士（孟加拉国农村发展委员会农业和粮食安全计划负责人）。

（2）厄瓜多尔：Eddie Pesantez（农牧业部畜牧生产部副部长）、Stephanie Ávalos（环境部气候变化副部长）、Pamela Sangoluisa Rodriguez（FAO和厄瓜多尔农牧业部/环境部内阁成员）、Juan Merino Suing（FAO和厄瓜多尔农牧业部/环境部内阁成员）。

（3）埃塞俄比亚：Bemnet Teshome（环境、森林和气候变化部技术官员）、Berhanu Assefa（农业部）、Solomon Tesfasilassie Tegegne（国家计划委员会监测局局长）。

作者也要向FAO的同事Martial Bernoux、Michael Clark、Krystal Crumpler、Heather Jacobs、Federica Matteoli、Anne Mottet、Ewald Rametsteiner、Anna Rappazzo和Reuben Sessa表示感谢。

作者还要感谢本书的同行审稿人所提供的宝贵的建设性反馈意见：Fatemeh Bakthiari（丹麦技术大学）、Leslie Lipper（康奈尔大学）、Henry Neufeldt（丹麦技术大学）、Andreea Nowak（国际热带农业研究中心，CIAT）和Marjanneke Vijge（乌得勒支大学）。

最后，作者要感谢在此未列出的同事，他们在准备本书期间提供了及时而有益的建议、支持和协助。

文案编辑：Clare Pedrick。

平面设计和布局：Gherardo Vittoria。

意大利环境、国土与海洋部（IMELS）通过FAO气候智慧型农业全球联盟（IACSA）项目为开发本书提供了资金。

# 缩略语

7FYP 孟加拉国第七个五年计划

AIDS 获得性免疫缺陷综合征

BAU 照常

BCCSAP 孟加拉国气候变化战略与适应计划

CCAFS 国际农业研究磋商小组的气候变化与农业和粮食安全研究计划

CIAT 国际热带农业中心

CRGE（埃塞俄比亚）气候适应型绿色经济战略

CSA 气候智慧型农业

CSL 气候智慧型畜牧业

DRF 发展成果框架

ECLAC 拉丁美洲和加勒比经济委员会

FAO 联合国粮食及农业组织

FFS 农民田间学校

GDP 国内生产总值

GEF 全球环境基金

GHG 温室气体

GoB 孟加拉国政府

GoB MoA 孟加拉国农业部

GoB MoEFCC 孟加拉国环境、森林与气候变化部

GoEc 厄瓜多尔政府

GoEt 埃塞俄比亚政府

GTP II 埃塞俄比亚第二个增长与转型计划

HIV 人类免疫缺陷病毒

ICCC 机构间气候变化委员会

ICT 信息通信技术

IICA 美洲农业合作研究所

INDC 国家自主贡献预案

IPCC 政府间气候变化专门委员会

ISC 部际指导委员会

IWRM 水资源综合管理

JFFLS 农民田间与生活初级学校

LDC 最不发达国家

LULUCF 土地利用、土地利用变化和林业

MAA 多属性分析

MRV 监测、报告和核查

MS 硕士

NAP 国家适应计划

NDC 国家自主贡献

NDP 厄瓜多尔国家发展计划

NGO 非政府组织

NPC 埃塞俄比亚国家计划委员会

PhD 哲学博士

REDD+ 减少发展中国家毁林和森林退化所致排放量，以及森林可持续管理与保护和加强森林碳储量

SDG 可持续发展目标

STC 技术小组委员会

UNFCCC 联合国气候变化框架公约

VNR 国家自愿审查

WEF 水 - 能源 - 食品

$CO_2$ 二氧化碳

$CO_2eq$ 二氧化碳当量

$CH_4$ 甲烷

# 概　要

　　全球海平面上升、风暴及干旱加剧正日趋常态。此外，在自然资源日益受限的情况下，当务之急是在调整饮食结构的同时，提高粮食产量，以缓解粮食危机，并满足人口增长的食物增长需求。鉴于这些是与可持续发展相关联的挑战和威胁，世界需要一种综合方法来解决人类与地球之间的主要关系之一，即粮食与农业。气候智慧型农业（CSA）在这方面提供了一种非常重要的可能路径，即将农业生产力和收入可持续提高、气候变化韧性和适应性增强、尽可能减少或消除温室气体（GHG）排放等目标综合在一起。

　　长期以来，国际社会已经认识到一些与可持续发展相关联的挑战，并且提出了统一的全球策略，即《2030年议程》。气候智慧型农业方法可以有效促进农业各部门的发展，包括农作物、畜牧业、渔业、水产养殖业和林业，进而助力《2030年可持续发展议程》的17个可持续发展目标（SDGs）及其相关指标的实现。气候智慧型农业可以促进可持续发展目标的主要目标之一：气候变化行动。该行动已被全球委员会编入《巴黎协定》，并已经在《联合国气候变化框架公约》中得到协商并通过。书中我们详细介绍了气候智慧型农业如何为可持续发展目标的各种指标做贡献，并解释了在《巴黎协定》层面的国家自主贡献（NDCs）如何成为通过气候智慧型农业推进可持续发展目标的关键组成部分。最后，我们为各国提供了实施气候智慧型农业的指导方针，以使各个国家能够按照与可持续发展目标和《巴黎协定》相关的优先序来实施气候智慧型农业。我们希望本书为2019年可持续发展高级别政治论坛中对SDG 13（气候行动）的深入评估提供参考，并作为实现SDG 13和其他可持续发展目标而进行气候智慧型农业投资的评估依据。此外，本书还有助于推介《联合国气候变化框架公约》下科罗尼维亚农业联合工作，该工作侧重于农业领域适应和减缓气候变化的许多重要领域。

　　一些重要信息：

　　（1）气候智慧型农业行动可以支持17个可持续发展总体目标的实现。因此，气候智慧型农业可为各国可持续发展目标及其国家自主贡献的实现提供可能。如果切实高效地实施气候智慧型农业措施，除了可以保障气候、粮食安全和提高收入等目标的实现外，它还有助于实现性别与社会公平、城市发展、教育和就业以及森林和海洋健康等诸多优先目标领域。在本书"评估及解析气候智慧型农业和可持续发展目标之间相互联系"部分，我们确定了在气候智慧型农业三大宗旨下其行动的主要类别，并评估了每个类别与可持续发展目标各个指标之间的关系。此外，我们考虑了实施气候智慧型农业所需的重要步骤，并探究了这些步骤与特定可持续发展目标之间的关系。

（2）因为旨在推进一个可持续发展目标的气候智慧型农业行动可能会导致与另一个目标或与另一项气候智慧型农业宗旨之间的冲突，因此，在评估和解析气候智慧型农业和可持续发展目标间的相互联系中，我们介绍了潜在的冲突，并在可能的情况下，提供了避免或减少冲突的解决方案示例。在精心的计划设计下，可以确保将这些冲突最小化。

（3）在许多情况下，可持续发展目标构成了国家发展规划的基础。在国家层面整合各项各方资源以实现可持续发展目标和国家自主贡献目标也日益受到重视。这种整合为最大限度地发挥协同作用，避免重复计划、实施和报告，提供了可能。因此，在制定气候智慧型农业方案时，有必要共同考虑这些议程，以及如何最好地支持它们。

（4）气候智慧型农业良好实践应包括以下几个关键步骤：

①为气候智慧型农业建立证据库；

②资助扶持性政策和计划；

③加强国家和地方机构的能力建设；

④增强融资能力；

⑤加强实地实施。

此外，监测和评估是气候智慧型农业不断成功实施的关键，应该将它们贯穿在气候智慧型农业的整个实施步骤中。

（5）所有这些步骤都可以在国家层面为实现可持续发展目标及国家自主贡献目标的综合努力情景下，以支持气候智慧型农业相关行动的方式来实施。例如，在确定各种适用的气候智慧型农业方案优先序时，可以以其能否有效推进特定可持续发展目标或国家自主贡献为排序标准。

（6）本文只是确定气候智慧型农业具体方法如何助力可持续发展目标和国家自主贡献目标实现的起点。今后的工作可能还包括：开发一种方法学来评估特定情况下气候智慧型农业行动与可持续发展目标之间的协同和冲突关系，以及确定气候智慧型农业与可持续发展目标具体目标之间的相互关系。

# 目　录

# 第 1 章
# 引 言

## 1.1  背景和意义

截至2017年，全球约有8.21亿人营养不良，近1/4的5岁以下儿童存在发育迟缓问题。虽然经过了数年的改善，但过去的3年里饥饿人口仍在持续增加，甚至退回到了十年前的水平（FAO et al.，2018）。《2018年世界粮食安全和营养状况》报告发现，气候变化和极端天气事件是造成这一令人不安趋势的主要原因。这不足为奇，因为气候变化和极端天气事件会影响粮食安全和营养保障的各个方面，包括食物获取、供应、利用和稳定性（FAO et al.，2018）。

气候变化已经破坏了温带和热带地区的重要农作物生产，例如水稻、小麦和玉米。如果没有协调一致的气候适应和减缓措施，随着温度的持续升高，这种破坏趋势将会加剧（FAO et al.，2018）。同时，农业部门，包括作物和牲畜生产、渔业、水产养殖业和林业，是全球范围内GHG排放的主要贡献者。农业源排放，包括林业和土地利用变化，约占全球人为碳排放总量的24%，其中非二氧化碳（$CO_2$）温室气体总排放量的56%（IPCC，2014）。

在适应和减缓气候变化的双重挑战，以及在2050年前实现农业增产60%以满足粮食需求的迫切要求下（FAO，2017a），急需采取综合措施来解决人类可持续发展难题。气候智慧型农业是一种转变粮食和农业系统以支持可持续发展，并在气候变化下保障粮食安全的有效手段。气候智慧型农业包含三大宗旨：（1）可持续地提高农业生产力和经济收入；（2）适应气候变化和增强气候韧性；（3）尽可能减少或消除温室气体排放。虽然我们不能预期每项气候智慧型农业行动在所有情况下均能实现"三赢"，或者在这三个方面均取得积极成效，但是在设计气候智慧型农业行动时，农业生产者、政策制定者和研究人员都应考虑这三个目标，以此确保最大程度地发挥目标间的协同关系，减少不必要的冲突（FAO，2017a）。为尽可能地有效实施，我们应考虑当地气候、环境、市场、经济和文化条件，因地制宜制定气候智慧型农业行动（Celeridad，2018）。

**（1）农业对于可持续发展目标和国家自主贡献的重要性**

农业是社会发展的主动力，特别是在发展中国家。比如在最不发达国家，农业产值通常占国内生产总值（GDP）的30%以上（FAO，2019a）。如FAO（2016a）所述，食物和农业是《2030年议程》的核心（见插文1）。因为，这些系统对于消除贫困和饥饿、维持自然资源，以及减缓和适应气候变化至关重要，这涉及了可持续发展目标的所有重要领域。

## 插文1 世界转型：2030年可持续发展议程

2015年，各国通过了《2030年议程》及其17个可持续发展目标（SDGs），这些目标为2016—2030年期间的全球发展工作指明了重点方向。这17个目标及其相关的169个具体目标和232项指标极为重要，它们着眼于最紧迫的可持续发展优先序，包括消除贫困和饥饿、减少不平等、应对气候变化以及创造体面的工作和经济增长。

《2030年议程》认为17个可持续发展目标及其具体目标间的各种重叠关系（见附录1）[①]是综合且不可分割的。这清楚地说明，不能以独立的方式考虑粮食、贫困和环境的可持续性，而农业和农村发展是消除饥饿和贫困的有力工具（FAO，2015）。对于各国自主贡献和《巴黎协定》来说，农业也居重要地位（见插文2）。FAO（2016b）对22个国家自主贡献和140项国家自主贡献预案（INDCs）[②]的分析显示，有131个国家将农业部门的适应和减缓行动列为优先领域，将近95%的发展中国家提到了农业部门的适应措施。农业减缓的优先次序也很高[③]，根据FAO对国家自主贡献和国家自主贡献预案的分析，有71%的发展中国家和98%的发达国家提及了农业减缓的内容（FAO，2016b）。此外，《巴黎协定》也认识到了应对气候变化的行动对于实现"保障粮食安全和消除饥饿根本优先"的重要性（COP，2015）。

## 插文2 巴黎协定

《巴黎协定》于2015年在《联合国气候变化框架公约》（UNFCCC）中获得通过，被公认为是《2030年议程》"全球如何应对气候变化谈判的主要国际政府间论坛"。《巴黎协定》的主要目标是将全球温度上升限制在2℃以下，并增强对气候变化不利影响的适应能力和对气候变化的韧性。该协议满足这些优先选择的机制是国家自主贡献（NDCs），这是该协议的每个缔约国为实现《巴黎协定》规定的目标而做出的反复承诺。

---

① 附录1中的目标和具体目标仅限于本书与气候智慧型农业有联系的目标和具体目标。

② 在进行此项分析时，只有22个国家将其INDCs转换为国家自主贡献。INDCs本质上是国家自主贡献的初稿。

③ 在国家自主贡献中，"农业"包括土地利用、土地利用变化和林业（LULUCF）。

**（2）气候智慧型农业是实现可持续发展目标和自主贡献的关键**

可持续发展的多个目标均与气候变化、农业生产、自然资源和生态系统以及收入和粮食安全有关。气候智慧型农业处于这些急需发展的结合点，因为其目标是在可能的情况下同时实现生产力和收入的增长、增强气候韧性，并减少或消除GHG的排放。因此，气候智慧型农业在助力应对这些挑战的工作中可以[①]发挥重要作用。由于气候智慧型农业的多目标属性，它可能在一个关注点上，比农业或气候干预措施实现更多的可持续发展目标。尽管许多国家的自主贡献在农业领域包括了对气候变化的减缓和适应，但在32个国家自主贡献中都非常具体地引用了气候智慧型农业（FAO，2016b）。

**（3）本书的关注点和目标受众**

在引言之后，本书第2章着重评估及解析了气候智慧型农业和可持续发展目标之间的协同和冲突关系，以强调通过实施气候智慧型农业推进与可持续发展目标相关工作的可能[②]。第3章描述了在国家层面通过实施气候智慧型农业来促进可持续发展目标的努力[③]中，《巴黎协定》的国家自主贡献如何成为关键要素。第4章为国家政策制定者和实践者提供了气候智慧型农业的良好实施指南，以确保将气候智慧型农业纳入一个国家为实现可持续发展目标及其国家自主贡献目标的综合努力之中。本书为2019年可持续发展高级别政治论坛期间，对SDG 13（气候行动）进行深入评估后的讨论提供参考，并为实现SDG 13和SDG 2（零饥饿）以及其他可持续发展目标而进行气候智慧型农业投资提供合理的评估证据。本书的目标读者包括：负责规划和实施《2030年议程》和《巴黎协定》的国家级决策者和政策制定者，例如国家计划委员会的代表；气候变化、农业和农村发展领域的决策者和政策制定者，例如农业部或环境部的代表；以及在与气候智慧型农业、《2030年议程》和《巴黎协定》有关的规划和实施方面，支持发展中国家的实践开发人员。

---

① 应当指出的是，在发展和推广气候智慧型农业措施时，必须特别注意针对特定环境的可持续性。在一种情况下可持续的气候智慧型农业行动在另一种情况下可能并非如此。这是气候智慧型农业措施的一种局限性。

② 气候行动是可持续发展目标（SDG 13）的重点领域，因此可以假设判断及解析气候智慧型农业和可持续发展目标之间的相互联系也可以为各国的国家自主贡献的实施提供信息。但是，鉴于国家自主贡献是由国家确定的（与气候智慧型农业的全球性相反），气候智慧型农业与特定国家自主贡献之间的联系未在此书中描述。

③ 方法部分讨论了该书对这种"综合努力"的关注。

## 1.2　研究方法

**(1) 气候智慧型农业-可持续发展目标间相互联系的评估与解析**

气候智慧型农业-可持续发展目标之间相互联系的评估和解析（第2章）旨在确定气候智慧型农业如何为各国实现可持续发展目标做贡献。本书使用的气候智慧型农业定义是基于FAO对农业定义及其扩展而确定的（插文3）。本文中的评估及后续的解析，全面分析了可持续发展目标，即考虑了与17个总体目标以及每个可持续发展目标下的具体目标相关的气候智慧型农业。为了尽可能与更多国家关联，在评估和解析过程侧重全球议定的目标，许多国家对这些目标进行了修正，以使其更适合本国国情。本评估基于可能的气候智慧型农业-可持续发展目标间的协同和冲突关系，为更具体的气候智慧型农业规划和更详细的分析提供了切入点。关于特定的气候智慧型农业干预措施对可持续发展目标的具体贡献，本评估没有提供确定的方法，这些方法可以在本书的评估基础上进一步开发获得。

## 插文3　农业的定义

联合国粮食及农业组织（FAO）对农业的定义包括农作物和畜牧生产、林业、渔业和水产养殖。

在《联合国气候变化框架公约》中，在三个主要工作流程中讨论了FAO农业定义中所包括的子部门：土地利用、土地利用变化和林业；减少毁林和森林退化所导致的排放量，以及森林可持续管理与保护和加强森林碳储量（REDD+）。《巴黎协定》未对农业进行定义，且各国在其国家自主贡献中对农业的定义有所不同。在FAO的将农业纳入国家自主贡献和国家自主贡献预案的评估中，农业包括林业、土地利用和土地利用变化。

可持续发展目标并未明确定义农业，但包括了FAO定义中所包含的所有子部门。一些目标和指标总体上考虑了农业，而其他一些目标和指标则侧重于特定的子部门，例如渔业（SDG 14）和林业（SDG 15）。

评估和解析气候智慧型农业与可持续发展目标的关联关系的通用方法是对现有的解析和文献进行分析，并通过专家的判断来评估和解析目标级别上气候智慧型农业-可持续发展目标的相互联系。该书使用了气候智慧型农业的三大宗旨以及气候智慧型农业实施的五个步骤，类似《气候智慧型农业资料手册》所述（FAO，2017a），作为解析和评估的框架（表1）。

### 表1 气候智慧型农业－可持续发展目标之间相互联系的评估与解析框架

**CSA宗旨1——农业生产力和收入的可持续提高**

**CSA行动类别1.A：提高资源利用效率**

1.A：效率

可提高单产，并减少粮食生产的物质足迹的CSA行动。例如高产作物品种的选育，在农场中循环利用农副产品和废弃物。

**CSA行动类别1.B：多元化生产系统**

1.B：多元化

在农场内外通过创造额外的收入来源，以改善粮食生产者的生计的CSA行动。例如采用农牧结合系统，建立本地加工设施。

**CSA行动类别1.C：农业生态系统、生态系统服务和生物多样性管理**

1.C：生态系统

旨在增强生态系统服务功能，从而支撑食物生产系统的生产力，并减少外部投入的CSA行动。例如可持续的土壤管理以提高土壤肥力、为提供害虫生物防治的野生动物创造栖息地。

**CSA宗旨2——增强气候韧性和适应气候变化**

**CSA行动类别2.A：多元化生产系统**

2.A：多元化

在农场内外将气候风险分布在生产系统或生计的更多元素上的CSA行动。例如引入作物轮作，采用农林复合的种植模式。

**CSA行动类别2.B：调整生产活动以规避风险，降低敏感性，并适应不断变化的环境**

2.B：暴露度

使生产系统的特定要素适应不断变化的气候条件，减少其遭受特定气候的风险，并降低其敏感性的CSA行动。例如修建集水池补给农业灌溉，改养耐热的家畜品种。

**CSA行动类别2.C：农业生态系统、生态系统服务和生物多样性管理**

2.C：生态系统

提高农业生态系统抵御气候冲击和其他与气候变化有关的压力的CSA行动。例如恢复红树林，以进行沿海保护和重建鱼类种群；采用农林复合种植，来减缓极端温度和降雨事件的影响。

**CSA宗旨3——尽可能减少或消除温室气体排放**

**CSA行动类别3.A：提高资源利用效率**

3.A：效率

减少对能源密集型农业原料（例如肥料和化石燃料）的使用，并减少导致温室气体排放的营养物质损失的CSA行动。例如使用营养密度高的牲畜饲料，以实现高饲料转化率和低肠道发酵；作物生产中采用因地制宜的养分管理。

**CSA行动类别3.B：农业生态系统中的碳固定**

3.B：固碳

增强农业生态系统从大气中吸收、储存和保持碳的能力，以使碳储量增加的CSA行动。例如通过可持续森林管理防止森林退化，通过农林复合种植增加农田和牧场的碳储量。

**CSA行动类别3.C：用可再生能源替代化石能源**

3.C：再生

通过使用可再生能源替代农业中使用的化石燃料，或使用生物质进行生物质能源生产，从而减少化石燃料燃烧产生的温室气体排放的CSA行动。例如通过厌氧消化池中的牲畜粪便产生生物质能，利用太阳能为灌溉泵供电。

（续）

<table>
<tr><td colspan="2">CSA 实施过程</td></tr>
<tr><td>步骤一：证据库扩展</td><td>步骤一：证据</td></tr>
<tr><td>步骤二：资助扶持性政策框架和计划</td><td>步骤二：规划</td></tr>
<tr><td>步骤三：加强国家和地方机构的能力建设</td><td>步骤三：机构</td></tr>
<tr><td>步骤四：改善融资方案</td><td>步骤四：融资</td></tr>
<tr><td>步骤五：强化实地实施</td><td>步骤五：采用</td></tr>
</table>

在气候智慧型农业措施下可以执行数百种行动，包括策略、实践和生产系统。探索每项可能的气候智慧型农业行动对可持续发展目标的贡献不在本书的范围之内。取而代之的是，在每个气候智慧型农业宗旨下，我们根据可能的气候智慧型农业行动对其宗旨的贡献方式，将相似的行动进行了归类（见插文4）。该分类基于广泛但并非详尽的可能的气候智慧型农业行动清单（FAO，2017a；Peterson，2014；GACSA，2018），并且每个宗旨均来自三类气候智慧型农业行动。表1提供了各类别列表及每个类别下的气候智慧型农业行动示例。

这些气候智慧型农业行动类别分类为探索气候智慧型农业宗旨与可持续发展目标之间的相互联系提供了框架。应当指出，某些类型的气候智慧型农业行动可以以类似的方式为不同的气候智慧型农业宗旨做出贡献。例如，单作生产系统的多元化可以创造新的经济收入机会，以改善农民生计（CSA宗旨1）；同时，这将提高生产系统对气候变化冲击的韧性（CSA宗旨2）。因此，"多元化生产系统"是同时属于CSA宗旨1和宗旨2下的一类气候智慧型农业行动。CSA宗旨之间的这种交叠反映了其宗旨之间协同的可能。还应注意，本书中提议的气候智慧型农业行动分类旨在获得不同类型气候智慧型农业行动所共有的关键领域，但这并不一定是最完整的分类方案。

本书筛查了可持续发展目标的全部具体目标，以及现有的其他关于可持续农业与可持续发展目标之间相互联系的构架，由此得出了以上气候智慧型农业行动类别和实施步骤（FAO，2018a[①]；ECLAC，FAO & IICA，2017）。基于这种筛查和专家判断，作者创建了一个矩阵关系，从而初步选择了潜在的气候智慧型农业-可持续发展目标对应关系。这一初步筛选基于文献分析，选用的对应关系都在文献中有协同或冲突的相关例子。文献的主要来源是粮农组织的报告，特别是《气候智慧型农业资料手册》（FAO，2017a）和联合国政府间气候变化专门委员会（IPCC）的《全球升温1.5℃特别报告》（Roy et al.，2018），以及同行评审的期刊文章。

① 作者查阅了FAO（2018a）提出的"对可持续发展目标的贡献"解析的未出版背景信息，该文将可持续粮食和农业的五项原则分解为本书中描述的20项行动。

## 插文4　气候智慧型农业行动的分类：气候智慧型农业行动类别"提高资源利用效率"的示例（CSA宗旨3）

| CSA行动（示范） | 对CSA宗旨的贡献（减缓气候变化） | CSA行动的常用概念 | CSA行动的总体类别 |
| --- | --- | --- | --- |
| 使用营养密集型牲畜饲料 | 减少肠发酵产生的排放 | 动物饲料有效转化 | 资源利用效率 |
| 通过动物育种优化饲料转化 | | | |
| 植物育种以优化营养利用 | 减少制造业产生的温室气体排放 | 植物有效利用养分 | |
| 作物生产中实地养分管理 | 减少肥料施用产生的温室气体排放 | | |
| 畜禽排泄物堆肥 | 减少粪肥管理产生的温室气体排放 | 排泄物和副产品中养分和能量的循环利用 | |
| 将粪肥作为沼气池原料 | | | |
| 渔船上的高效发动机 | 减少化石燃料燃烧产生的温室气体排放 | 有效利用能源 | |
| 畜牧业生产中的高效冷却系统 | | | |
| 减少过剩的渔船 | | | |
| 完善的仓储设施 | 减少粮食损失和食品价值链产生的温室气体排放强度 | 食品价值链效率 | |

本书提供了一些相对通用且与每个气候智慧型农业行动类别和实施步骤相关的气候智慧型农业行动示例。[①]这些例子包括采用高质量、营养丰富的动

---

① 所提供的示例用于举例说明气候智慧型农业行动类别和实施步骤，但它们并不代表对所有可能的气候智慧型农业行动及措施的全面解析。

物饲料，以及采用可持续的土壤管理。在多数情况下，气候智慧型农业行动与可持续发展目标，通常为多个可持续发展目标，存在协同关系（用↑符号表示）。然而，在某些情况下，这种联系表现为一项潜在的冲突关系（用↓符号表示）。某些气候智慧型农业行动类别或实施步骤，可能与特定的可持续发展目标同时存在协同和冲突关系，这是由其具体活动不同所导致的。如果一项特定的气候智慧型农业活动与可持续发展目标既存在潜在的协同，又需要有所取舍（取决于具体实施方式），则该联系用↓↑符号表示。应当指出，潜在的冲突不一定是不可避免的。本书尽可能提供如何避免、减少或补偿这些冲突的相关建议。读者还应注意，上文所确定的协同作用和冲突关系并非普遍适用，并且可能对于特定情况、或对于存在于某给定类别或实施步骤下的部分气候智慧型农业行动不适用。

尽管对气候智慧型农业行动类别的评估着重于与可持续发展目标的相互联系，但在每节末尾，我们也提供了与其他CSA宗旨之间的主要协同和冲突关系的摘要。该概述本身并不是评估，并且仅基于相应部分中提及的相关领域。

气候智慧型农业-可持续发展目标间相互联系的分析结果在构架中呈现为：①评估中的所有表格（第2.1和2.2节）；②所有可持续发展目标与CSA宗旨间的协同与冲突关系内容的概图（第2.3节）；③附录1展示了每个可持续发展目标在可持续发展目标具体指标或气候智慧型农业行动类别层次上的分析结果。

### （2）基于国家层面的综合努力实现可持续发展目标及其国家自主贡献目标的气候智慧型农业实施指南

本书的最后一部分介绍了在一个国家为实现可持续发展目标及其国家自主贡献目标所做的综合努力背景下，实施气候智慧型农业的技术指南。我们没有分别考虑可持续发展目标和国家自主贡献，而是将重点放在了综合行动上，因为国家越来越重视这些步骤的整合，以提高效率（Bouye et al.，2018）。由于气候行动对于实现可持续发展目标至关重要，而可持续发展对于实现国家自主贡献的目标也至关重要，因此，当以综合方式推进可持续发展目标和国家自主贡献时，减少交易成本和保护有限可能的机会不胜枚举。由于实现可持续发展目标和《巴黎协定》目标的时间非常紧迫，应尽可能地努力并有效地推进这两个议程。

本书第四章的实施指南遵循了FAO《气候智慧型农业资料手册》（FAO，2017a）中已经全面描述的5个步骤：①证据库扩展；②资助扶持性政策框架和计划；③加强国家和地方机构的能力建设；④增强融资能力；⑤强化实地实施。

本书另外还增加了一个重点领域：监测、评估和报告。尽管这不是气候智慧型农业实施过程中的主要步骤，但监测和评估是反复实施过程中每个步骤的关键。我们在该主题下对其进行单独讨论，并将监测、评估和报告结合在一起。其原因是：①在国际相关体系中，报告可持续发展目标和国家自主贡献的进展非常重要；②由于在《气候公约》产生的过程中，包括《巴黎协定》，报告往往与监测相结合，即"监测、报告和核查"。在《气候智慧型农业资料集》对这些实施步骤描述的基础上，本指南逐步解析了与实施气候智慧型农业有关的行动，以确保气候智慧型农业能融入国家为实现可持续发展目标及其国家自主贡献目标所做的综合努力中。指南中的重点主题包括：

①农业部门的气候脆弱性评估和温室气体清单如何能够帮助证明气候智慧型农业在实现国家自主贡献目标方面的价值；

②在国家层面将气候智慧型农业的支持者纳入可持续发展目标和国家自主贡献相关的领导机构的重要性；

③如何获得多边气候资金来源；

④调整气候智慧型农业报告以支持可持续发展目标和国家自主贡献的报告。

对于助力一个国家气候智慧型农业、可持续发展目标和国家自主贡献目标的成功实施来说，地方政府部门的贡献至关重要。这是由于他们与利益相关者较为接近，以及他们相对较小的主管部门带来的有益的灵活性。但是，这些主管部门通常缺乏有效参与国家议程制定和执行的技术和财力。因此，支持地方政府参与气候智慧型农业实施，对各国政府都可能是非常重要的。因此，本指南的每一节都简要说明了国家主管部门如何在给定的实施步骤中为地方主管部门提供支持。

为了制定这些实施指南，在文献中被强调的良好措施都由来自三个国家案例研究的实践经验所补充，它们包括孟加拉国、厄瓜多尔和埃塞俄比亚。之所以选择它们，是由于其地理多样性、经济发展水平不同及其他们对气候智慧型农业的持续参与和承诺。我们对这三个国家负责实施气候智慧型农业，以及与可持续发展目标、《巴黎协定》和国家自主贡献有关的部委官员进行了访谈。被访者包括环境、农业和计划部，以及孟加拉国非政府组织的代表。访谈的重点是构成本指南核心的气候智慧型农业实施步骤，尤其着重于这种实施与一国为实现可持续发展目标及其国家自主贡献目标所做的工作之间的关系。这些访谈的信息，以及有关这三个国家的农业、气候智慧型农业、可持续发展目标和国家自主贡献措施的信息来源，均在指南中进行了介绍。在附录3国家案例研究中，另外提供了有关这三个国家的独立案例分析。

## 1.3  文献综述

本书对气候智慧型农业与可持续发展目标相互联系的相关研究，以及侧重于可持续农业与可持续发展目标间相互联系的相关研究进行文献综述。之所以包括后者，目的是为了提供更广泛的文献基础，同时也是因为气候智慧型农业建立在可持续农业共用原则基础之上，并将它们纳入实施过程中。实际上，FAO将气候智慧型农业视为其可持续农业方法之一（FAO，2014a）。

**（1）气候智慧型农业-可持续发展目标相互联系的评估与解析**

在现有文献中，有建议通过实施气候智慧型农业来促进可持续发展目标实现的重大机会。通过分析两个关于气候智慧型农业和可持续发展目标关系的调研文献，发现除了SDG 3（健康与福祉）以外，气候智慧型农业与所有可持续发展目标都存在关联。例如，《中美洲一体化体系（SICA）气候智慧型农业战略（2018—2030年）》（SICA，2017）中，将实质上与气候智慧型农业三大宗旨相一致的三个战略轴心联结到可持续发展的17个目标上（图1）。在中美洲背景下，气候智慧型农业战略轴心与可持续发展目标之间的关系被描述为直接或间接地支持这些目标，或为实现这些目标创造有利环境。

图1　中美洲一体化体系描述的气候智慧型农业和可持续发展目标相互联系图解（SICA, 2017）

荷兰合作银行（2018）在《荷兰合作银行对联合国可持续发展目标的贡献》中，基于该跨国银行所支持的工作，概述了气候智慧型农业与可持续发展目标之间的许多协同关系。荷兰合作银行认为气候智慧型农业直接支持了SDGs 2、8、9、12、13、15和17，间接支持了SDGs 1、2、5、7、8、9、10、13、15和16。这些研究都评估了气候智慧型农业和可持续发展目标间的相互联系，并区分了气候智慧型农业与可持续发展目标的直接和间接的联系，但都未提供用于识别这些联系的相关方法描述。

### （2）可持续农业与可持续发展目标间的相互联系的评估和解析

作为文献分析的一个整体，现有研究总体回顾了更一般性的可持续粮食和农业系统与可持续发展目标之间的联系，并发现所有可持续发展目标均被可持续粮食和农业系统所促进。例如，在《美洲农业和农村发展前景：拉丁美洲和加勒比视角》（ECLAC，FAO & IICA，2017）报告中，就重点关注了将可持续食物体系的生产和消费作为一个总体，来分析如何助力各项可持续发展目标的实现，并为所有可持续发展目标找到了相关联系。在生产方面，包括了粮食生产、加工和分配活动、环境安全成果和粮食安全要素。在消费方面，包括了与消费有关的活动、社会福祉成果以及与粮食市场的正常运作（获取、供应和稳定性）相关的粮食安全要素。如表2所示，ECLAC、FAO 和 IICA（2017）发现了可持续粮食生产方面与各种可持续发展目标之间存在密切联系。

**表2　粮食体系各要素与SDGs具体目标间的相互联系解析**

| 描述 | 领域、活动和结果 | |
| --- | --- | --- |
| | 粮食体系可持续性，生产活动领域 | 消费、粮食安全和社会福祉领域 |
| 活动 | 生产<br>加工与包装<br>分销与营销 | 消费 |
| 结果 | 使用<br>环境安全 | 供应<br>获取<br>稳定性<br>社会福祉 |
| 在每个领域具有最强联系的SDGs | SDG 6（具体目标6.1、6.3、6.4、6.5、6.6、6.A）<br>SDG 7（具体目标7.2、7.3、7.A、7.B）*<br>SDG 9（具体目标9.2、9.3、9.4、9.A、9.B）*<br>SDG 12（具体目标12.1、12.2、12.3、12.4、12.5、12.A、12.B、12.C）<br>SDG 13（具体目标13.1、13.2、13.3、13.A） | SDG 1（具体目标1.1、1.2、1.3、1.4、1.5）<br>SDG 3（具体目标3.1、3.2、3.4、3.D）**<br>SDG 4（具体目标4.1、4.2）<br>SDG 5（具体目标5.A）<br>SDG 10（具体目标10.1、10.4、10.A、10.B、10.C）<br>SDG 16（具体目标16.1） |

| 领域、活动和结果 | | |
|---|---|---|
| 描述 | 粮食体系可持续性，生产活动领域 | 消费、粮食安全和社会福祉领域 |
| 在两个领域都具有具体目标的SGDs | SDG 2（具体目标2.A、2.B）<br>SDG 8（具体目标8.2、8.3、8.4、8.8）<br>SDG 11（具体目标11.4）<br>SDG 14（具体目标14.1、14.2、14.3、14.5、14.C）<br>SDG 15（具体目标15.1、15.2、15.3、15.4、15.5、15.6、15.8、15.B）<br>SDG 17（具体目标17.6、17.7、17.8） | SDG 2（具体目标2.1、2.2、2.3、2.4、2.5、2.C）<br>SDG 8（具体目标8.1、8.5、8.9、8.10、8.A）<br>SDG 11（具体目标11.B）<br>SDG 14（具体目标144、14.6、14.7、14B）<br>SDG 15（具体目标15.7、15.9、15.C）<br>SDG 17（具体目标17.2、17.4、17.5、17.9、17.10、17.11、17.12、17.18） |

资料来源：ECLAC、FAO & IICA（2017）。

\* 具体目标7.1和9.1与消费活动有关；\*\* 具体目标3.9与生产活动有关。

在《粮食和农业：为可持续发展实现2030年议程的关键》中（FAO，2016a），通过案例研究，描述了农业支持并实现所有可持续发展目标的方式。在《粮食及农业转型助力实现可持续发展目标》（FAO，2018a）中，确定了可持续食物和农业5个要素的20项关键行动，即提高食物体系生产率、增加食物体系的就业和附加值；保护和提升自然资源；改善生计和促进包容性经济增长；增强人或社区和生态系统韧性；调整治理以适应新挑战。该报告还解析了这些行动与可持续发展目标之间的联系。这些行动范围包括从保护土地使用权到增强土壤健康，以及将生物多样性保护主流化。总体上看，这些行动中的许多措施可以被视为气候智慧型农业活动，与所有可持续发展目标都存在联系。尽管该书未使用区分直接和间接联系的方法，但仍需指出，与气候智慧型农业关联最紧密的是SDG 2，并且与SDGs 1、13、14和15的联系也很显著。

FAO的《粮食和农业：推动实现2030年可持续发展议程》（2017b）报告，描述了如何将重点放在SDG 2上，以实现其余可持续发展目标。该书还强调了同时实现SDGs 2和1的重要性。它介绍了FAO支持相关活动的一些国家案例研究，以及在目标级别上推进可持续发展目标实现的行动。

在《世界畜牧业：通过可持续发展目标改造畜牧业》（FAO，2018b）报告中，FAO描述了可持续畜牧生产，在许多方面与气候智慧型农业是一致的，如何助力所有可持续发展目标的实现。该书描绘了可持续畜牧生产与从优质教育（SDG 4）到可持续城市（SDG 11），直至人类和平与社会稳定（SDG 16）之间的切实联系。

在《2018年世界森林状况》（FAO，2018c）报告中，气候智慧型农业方法的重要方面量化了森林如何有助于实现可持续发展目标。它提供了与SDGs 1、2、5~8、11~13和15相关具体目标的深入分析，这些目标被认为与森林相关。该报告还简要描述了森林如何在目标级别对其他可持续发展目标做贡献。

《经济学人》智库和巴里拉食品与营养中心在《稳固粮食2018：实现可持续发展目标的最佳做法》（EIU，2018）报告中，提出粮食和农业与可持续发展目标相关联的另一幅构架。该书列出了与社会、经济和环境三大宗旨相关的若干指标：粮食损失和浪费、可持续农业和营养问题。这些指标集中在资金获取和土地权利、可持续投资、营养过剩和营养不良等方面。每个指标与可持续发展目标之间的联系都体现在目标级别上，所有可持续发展目标都与这些指标中的一个或多个指标联系在一起。其中一些指标与气候智慧型农业密切相关，因此，本书也考虑了相应的关联解析。

IPCC《全球升温1.5℃特别报告》的第5章中，描述了关于农业行动与可持续发展目标之间可能需要权衡取舍的概念，以及利益或冲突的可能规模（Roy et al.，2018）。基于同行评阅的文献，该报告考虑了一些与农业和食物体系有关的行动，并在可持续发展目标级别上将每个行动的可能协同和冲突关系联系到了每个可持续发展目标。该报告考虑采取的行动包括：可持续健康饮食和减少食物浪费；基于土地的温室气体减排和固碳；通过改善牲畜生产和粪便管理系统来减少温室气体排放；减少毁林（REDD+）；造林和再造林；负责任地采购林产品；以及碳论能力。虽然该报告总体上认为行动之间的关系是积极的，但也确定了一些重要的冲突关系。例如，报告指出如果土地无法用于粮食生产，那么通过减少森林砍伐来增加生物质以生产生物质能源，则可能会对粮食安全产生负面影响（Roy et al.，2018）。

**（3）总结**

虽然解析可持续农业与可持续发展目标之间相互联系的文献相对比较丰富，但评估气候智慧型农业与可持续发展目标相互联系的出版物则相对有限。现有的两个材料，一个是专门针对中美洲情况（SICA，2017），另一个则在如何得出相互联系结论方面，仅提供了较少的细节描述（Rabobank，2018）。两者都侧重于目标级别的关联解析，而不是调查与具体目标本身之间的联系。这些文献发现了通过实施气候智慧型农业和可持续农业推进可持续发展目标的充足机会，并且与本书相同，这些文献也是依靠专家判断来进行评估的。IPCC报告（Roy et al.，2018）除外，其他文献没有制定用于开发专家评判的具体标准。此外，许多文献只关注可持续发展目标级别的联系，而没有明确考虑可能存在积极或消极联系的具体目标。在冲突方面，除了IPCC报告外，关于气候智慧型农业（或可持续农业）与可持续发展目标之间冲突关系的讨论非常有限。本书以判别潜在的协同关系为基础，确定可能需要权衡取舍的冲突，并提供了可能的解决方案。表3概述了文献中提及的气候智慧型农业（或可持续农业）与可持续发展目标之间的联系。

表3 气候智慧型农业（或可持续农业）与可持续发展目标之间的相互联系的文献概述[*]

| 解析 | | 可持续发展目标 | | | | | | | | | | | | | | | | |
|---|---|---|---|---|---|---|---|---|---|---|---|---|---|---|---|---|---|---|
| 来源 | 级别 | 1 | 2 | 3 | 4 | 5 | 6 | 7 | 8 | 9 | 10 | 11 | 12 | 13 | 14 | 15 | 16 | 17 |
| **CSA-SDGs相互联系的解析** | | | | | | | | | | | | | | | | | | |
| 《中美洲一体化体系气候智慧型农业战略（2018—2030年）》(SICA, 2017) | 目标 | D | | | E | E | D/I | I | D | I | D/I | E | D | D | D/I | D | E | D |
| 《荷兰合作银行对联合国可持续发展目标的贡献》(Rabobank, 2018) | 目标 | I | D/I | | | I | | I | D/I | D/I | I | | | D/I | D/I | D/I | I | D |
| **可持续农业与SDGs相关联系的解析** | | | | | | | | | | | | | | | | | | |
| 《拉丁美洲和加勒比视角》(ECLAC, FAO & IICA, 2017) | 具体目标 | X (C) | X (P/C) | X (C) | X (C) | X (C) | X (P) | X (P) | X (P/C) | X (P) | X (C) | X (P/C) | X (P) | X (P) | X (P/C) | X (P/C) | X (C) | X (P/C) |
| 《粮食和农业：为可持续发展实现2030年议程的关键》(FAO, 2016a) | 目的 | X | X | X | X | X | X | X | | X | | X | X | X | X | X | | X |
| 《粮食及农业转型助力实现可持续发展目标》(FAO, 2018a) | 具体目标 | X | X | X | X | X | X | X | | X | | X | X | X | X | X | | X |

（续）

| 解析 | | 可持续发展目标 | | | | | | | | | | | | | | | | |
|---|---|---|---|---|---|---|---|---|---|---|---|---|---|---|---|---|---|---|
| 来源 | 级别 | 1 | 2 | 3 | 4 | 5 | 6 | 7 | 8 | 9 | 10 | 11 | 12 | 13 | 14 | 15 | 16 | 17 |
| 《粮食和农业：推动实现2030年可持续发展议程》(FAO，2017b) | 目的 | X | X | X | X | X | X | X | X | X | X | X | X | X | X | X | X | X |
| 《世界畜牧业：通过可持续发展目标改造畜牧业》(FAO，2018b) | 目的 | X | X | X | X | X | X | X | X | X | X | X | X | X | X | X | X | X |
| 《稳固粮食2018：实现可持续发展目标的最佳做法》(EIU，2018) | 目的 | X | X | X | X | X | X | X | X | X | X | X | X | X | X | X | X | X |
| 《2018年世界森林状况》**(FAO，2018c) | 具体目标** | D | D | I | I | D | D | D | D | I | I | D | D | D | I | D | I | I |

注：D=直接联系；I=间接联系；E=有利的环境；X=未指定；（P）=与生产有关；（C）=与消费有关。

\* 表中描述的所有联系都是对SDGs的协同作用或贡献。该表中包含的所有关联构架均未探讨潜在的冲突关系。

\*\* 仅适用于直接联系

### （4）基于国家层面的综合努力实现可持续发展目标及其国家自主贡献目标的气候智慧型农业实施指南

在发展中国家中，有两种主要的指导方针可用于实施气候智慧型农业，在编写本书时，已参考了这两种指导方针。它们是FAO的《气候智慧型农业资料手册》(FAO，2017a) 和国际农业研究磋商小组（CGIAR）关于气候变化、农业与粮食安全的"CSA 101"，它是一份在线指南（CCAFS，2017）。《气候智慧型农业资料手册》(本章简称《资料手册》）分为三个实质性部分：气候智慧型农业概念、生产和资源及扶持政策框架。本书的指南部分充分参考了《资料手册》的扶持框架。《资料手册》以及FAO更多建议按照五步过程来实施气候智慧型农业。如"方法"部分所述，这5个步骤构成了本书指南的概要。另外还应注意，本书还包括一个跨领域的附加重点，即监测、评估和报告。在《资料手册》中，扶持框架介绍了监测和评估（M＆E），并就气候智慧型农业的监测和评估系统提供了全面概述。《资料手册》中也提到了报告系统，但未进行详细描述。[①]《资料手册》中还提及了使气候智慧型农业与国家目标保持一致的重要性，但并未分析将气候智慧型农业纳入国家其他议程或在国家以下层面实施气候智慧型农业的情况——这是本指南将要关注的两个领域。

虽然材料组织结构有所不同，但"CSA 101"网站推荐了许多与《资料手册》相同的实施步骤，用以开发和实施国家级气候智慧型农业措施，例如政策参与、机构安排、融资以及监测和评估。虽然这些步骤的详细程度有限，但它们提供了很有价值的参考资料和案例，因此在制定本指南时，我们也考虑了这些内容。

本指南还大量参考了其他资源，比如《点线面：共同实施2030年议程与巴黎协定的共同实施要素》（Bouyé et al.，2018）。该文章的关注点不仅是气候智慧型农业乃至整个农业，甚至在整个国家层面如何整合可持续发展目标和国家自主贡献目标。本书使用了这些重点主题，以推断气候智慧型农业实施结构如何同一个国家为实现可持续发展目标及其国家自主贡献目标的综合行动相结合。我们发现Bouyé等人这篇论文中的主要主题，例如预算延期、创建整体政府、增强地方政府参与以及优化数据收集，都与气候智慧型农业实施相关，无论是在总体上还是在与实现可持续发展目标和国家自主贡献目标的工作相结合的背景下。

虽然上述三个文献是本指南制定时所查阅的主要文献，但作者还参考了其他几个文献，以提出具体工具或提供来自不同发展中国家的案例。这些文献涵盖了非常广泛的领域，它们包括农业部门碳核算的方法、农村综合发展的良好实践以及农民田间学校的实施行动。

### （5）结论

文献综述为如何实施气候智慧型农业，以及如何在国家层面整合可持续发展目标和国家自主贡献议程，提供了很有价值的指导方针。此外，许多资料描述了对于实施气候智慧型农业特定子步骤所感兴趣的国家可以利用的具体工具、方法和途径。

---

① 尽管《资源手册》中未详细讨论报告系统，但出于"方法"部分提到的原因，该主题已包含在本指南中：国家报告对于与可持续发展目标和国家自主贡献相关的国际流程十分重要，且在UNFCCC中与报告和监测（和核查）同时实行。

# 第 2 章

## 气候智慧型农业-可持续发展目标相互联系的评估与解析

气候智慧型农业追求三个目标即气候智慧型农业的三大宗旨，如下文2.1所述。它可以通过针对具体的气候智慧型农业某个宗旨的不同行动来实现这些目标。但是，在为实现某个CSA宗旨而采取相关行动，它们可能会产生与另一个CSA宗旨相关的正面影响（互利）和负面影响（冲突）。例如，提高肥料使用效率的做法可以节省购买肥料的费用，因而提高作物生产利润率，对CSA宗旨1有利；同时，减少肥料投入也可以减少与化肥生产相关的GHG排放，对CSA宗旨3有利。因此，可以认为这类做法通过提高资源利用效率，而同时对CSA宗旨1和3有所贡献（请参阅第1.2节中的CSA行动分类），这是目标间的互利。

气候智慧型农业措施的关键价值在于对这些互利和冲突进行系统的解析和评价。这才能使战略规划成为可能，以便在国家发展优先事宜和特定地区确定的情况下，发挥农业战略、计划和项目中可持续生产、气候变化适应和减缓这些互为关联的目标之间的协同作用，减少相互冲突。

在SDG 13中，"采取紧急行动应对气候变化及其影响"的号召，使得气候行动成为了《2030年可持续发展议程》不可或缺的一部分。该议程的另一个主要目标是"消除饥饿，实现粮食安全，改善营养状况和促进可持续农业"（SDG 2）。气候智慧型农业将SDG 2和SDG 13结合在一起，纳入其目标之中。此外，气候智慧型农业还提供了许多机会来支持农业部门其他方面的可持续发展。

下文各节中所叙述的评估和解析旨在展示气候智慧型农业方法在支持实施《2030年可持续发展议程》中的重要性。它们还应作为国家或地方层面实施气候智慧型农业的决策者、规划者和私营部门的工作依据和指南，帮助他们确定如何发挥不同目标间的协同效应以及权衡既定国家或地区其他发展目标之间的潜在冲突关系。本节将分为三个主题：评估CSA宗旨与可持续发展目标之间的相互联系（第2.1节）；评估气候智慧型农业实施步骤与可持续发展目标之间的相互联系（第2.2节）；以及评估结果和气候智慧型农业-可持续发展目标相互联系解析的总结（第2.3节）。附录1提供了以可持续发展目标为中心的气候智慧型农业-可持续发展目标间相互联系的详细架构，以及本书中引用的可持续发展目标的定义。

## 2.1 气候智慧型农业宗旨与可持续发展目标具体目标的相互联系评估

气候智慧型农业的三大宗旨构成了气候智慧型农业措施的基础，它们是：
①农业生产力和收入的可持续提高；

②增强韧性和适应气候变化；

③尽可能减少或消除温室气体排放。

本节在可持续发展目标具体目标上评估了它们与CSA宗旨之间的联系。如方法（第1.2节）中所述，为了开展评估，每个宗旨分为三类气候智慧型农业行动。每个CSA宗旨讨论后，以表格形式概述了已鉴别的协同和冲突关系。此外，对于每个气候智慧型农业行动类别，本书将简述在讨论中出现的CSA宗旨间的协同和冲突关系。

## 2.1.1 气候智慧型农业宗旨1：农业生产力和收入的可持续提高

CSA宗旨1主要是可持续提高粮食生产率和粮食生产者的收入。可持续性是该定义不可分割的部分，在制定气候智慧型农业策略和选项时，应从经济、社会和环境三个方面进行综合考虑。CSA宗旨1通过两种主要方式来支持粮食安全：

①提高生产率，以提高家庭和地方市场的粮食可供性；

②增加生产者的收入，使人们更易获得粮食。

实现CSA宗旨1的气候智慧型农业行动类别如下：

①提高资源利用效率；

②多元化生产系统；

③农业生态系统、生态系统服务和生物多样性管理。

©粮农组织/Danfung Dennis

### 2.1.1.1 气候智慧型农业行动类别1.A：提高资源利用效率——与可持续发展目标的协同和冲突

粮食生产系统中的资源高效利用可以通过多种方式实现。例如，精确、及时和适量地施用肥料和农药，引入高营养价值的牲畜饲料，以及使用高产作物和动物品种，都可以提高系统生产率，并减少对外部投入的需求。通过提高农副产品和废弃物作为粮食生产系统或更广泛价值链内投入的回收利用，可以进一步减少对这种物品投入的使用。例如，使用粪便作为肥料，以及农作物残茬和农副产品如菜籽饼作为牲畜饲料（FAO，2017c），可以减少化肥和商品饲料的投入，降低生产成本。

因此，提高资源利用效率有助于实现更可持续生产（↑SDG 2.4）和增加粮食生产者的经济收入（↑SDG 2.3）。这其中包括支持依赖农业产业的农村贫困人口（↑SDG 1.1、1.2）和妇女（Roy et al.，2018），她们很难获得外界资金和信贷（↑SDG 5.A）（FAO，2017a）。农业生产力和金融资本的改善，还可以增加粮食的供应和获取，从而提高粮食安全（↑SDG 2.1）。

该气候智慧型农业行动类别也自然地支持可持续经济增长相关的目标，因为其重点是有效利用资源，使经济增长与环境退化关系脱钩，降低生产的物质足迹（↑SDG 8.4、12.2）。农业副产品和废弃物的使用，还特别支持了废弃物减少目标（↑SDG 12.5）。另外，通过与城市周边地区建立循环经济关系（↑SDG 11.6），例如将城市垃圾通过堆肥应用于农业，也可以减少城市对环境的影响（FAO，2017a）。

粮食损失是资源利用效率降低的重要方面，因为农场或农业价值链上的每一次损失都代表着资源的无效利用，以及相关成本和温室气体排放。因此，粮食生产后的良好管理措施，例如适当的存储，或收获后加工成更耐用的产品，对于减少粮食损失和提高资源利用效率至关重要。减少粮食损失就是SDG 12.3（↑）目标，且有助于提高收入和保障粮食安全（↑SDG 2.1、2.3），并降低GHG排放强度（↑SDG 13；CSA宗旨3）。存储方式改进还可以减少温度和湿度升高所造成的损失，因此可以提高粮食生产者的气候韧性和适应能力（CSA宗旨2）。

除了减少集约化能源投入外，使用更高效的发动机（例如渔船），减少农业机械作业强度（例如采用免耕和精准农业等），也可以帮助降低经济实体的能源投入强度（↑SDG 7.3）。在以人工为主的生产系统中，小型机械的引入可以提高生产效率和缩短工时，并在此过程中提高劳动回报率（↑SDG 2.3、8.2）（FAO，2017a）。使用可持续的机械化作业还可以腾出劳动时间用于其他经济或社会活动和教育，尤其是从事劳动密集型农业活动的儿童和妇女（↑SDG 5.1、4.1、10.2）。但是，即使是可持续的机械化作业，也可能减少就业机会，受此负面影响最深的将是依靠这些工作为基本生计的农村贫困劳动力（↓SDG 1.1、1.2）。

病虫害管理可能是提高资源利用效率的重要策略。健壮的生物，包括植物和动物，可以更有效地利用农业投入，例如肥料、牲畜饲料和鱼饲料，从而提高各个生产系统的整体生产率。此外，病虫害管理可以降低农作物或牲畜损失的风险，而这些损失会导致生产力下降。例如，在牲畜管理中，定期的疾病监测和动物健康维护可以提高繁殖率、降低死亡率和降低屠宰年龄，所有这些都可以提高生产率。在给定的碳排放水平下，有效管理可以获得更高的农产品产量，因此病虫害管理可能降低GHG排放强度（↑SDG 13；CSA宗旨3）（FAO，2017a）。有效的病虫害管理还可以提高对气候变化的适应能力，因为随着气候变化，某些胃肠道寄生虫和其他家畜疾病的发生率预计将增加（↑SDG 13.1；CSA宗旨2）。该管理对人类健康也有潜在的好处。例如，改进对牲畜的疾病监测和健康预防，可以遏制动物媒介传染病的传播（↑SDG 3.3）（FAO，2018b），而作物生产中的病虫害综合治理防控也可以减少有害化学物质在环境中的排放（↑SDG 3.9）。

资源高效利用可以为人类、环境和自然资源带来积极的效应。高效灌溉有助于减轻水资源压力，为妇女带来特殊利益，否则妇女可能要承担手工获取和使用水的任务（↑SDG 5.4、6.1），从而加重体力劳动，高效灌溉还有利于环境和经济发展（↑SDG 6.4）。粮食生产中化学产品的有效利用可以减少释放到环境中的有害物质（↑SDG 12.4），有利于淡水系统（↑SDG 6.3）、海洋生态系统（↑SDG 14.1）和陆地生态系统（↑SDG 15.1）的健康安全。

可持续集约化是与CSA宗旨1，尤其是与气候智慧型农业行动目录"提高资源利用效率"紧密相关，并且是与之兼容的内容。它促进了因地制宜的措施实施，这些做法可以提高劳动和资源的生产率，同时维持甚至减少生产所需的土地（FAO，2017a）。这使得其他土地利用得以保留，并为土地保护目的备存资源，进而支持陆地生态系统和生物多样性的保护和恢复（↑SDG 15.1、15.5）。但是，应该指出的是，集约化耕地内的农业生物多样性可能会降低（Roy et al.，2018）。所以，可以通过种植有益的、吸引昆虫的植物，并在集约化管理的耕地周围创建农林复合的缓冲带，减轻这种风险。

另一个风险是如果生产力目标与可持续性目标不平衡，则可持续集约化可能会对有害物质向自然环境的释放产生相反的影响（↓SDG 12.4、6.3、14.1、15.1），导致化学肥料和农药的使用不受管制（Roy et al.，2018）。不过这种风险也可能通过同时实施实地养分管理的项目激励而得以避免。此外，更有效、收益更高的灌溉方法可能会鼓励扩大灌溉土地，增加农业用水量以及由此带来的水资源压力递增（↓SDG 6.1、6.4）。所以，在气候智慧型农业计划阶段，我们必须谨慎，以确保在项目设计期间这种风险被考虑并得以避免，或采取相应措施进行弥补。

侧重于高产作物或动物品种改良的行动目标，也可能危及本地作物和动物物种的多样性（↓SDG 15.5）。它还可能加剧面对疾病暴发和气候打击时的脆弱性，从而与CSA宗旨2和（↓SDG 13.1）产生冲突。如果只有那些拥有充足资源的人可以获得高产作物或动物品种，那么此类技术的采用还可能会进一步加剧收入的不平等（↓SDG 10.1、10.2、10.3）。

**与其他CSA宗旨的主要协同与冲突**

宗旨2：协同：金融资产的改善可以增强粮食生产者抵御气候冲击和适应气候变化的能力。更有效地利用受气候变化制约的资源，例如水资源，减轻与该资源有关的气候相关负担。

宗旨3：协同：提高资源利用效率可以减少与生产和使用包括能源在内的农业投入相关的温室气体排放。冲突：但是，即使减少排放强度，可持续集约化也可能导致绝对温室气体排放量增加。通过确保优先考虑在集约化土地区域以外的地区进行固碳，可以抵消这种可能的冲突。

#### 2.1.1.2 气候智慧型农业行动类别1.B：多元化的生产系统——与可持续发展目标的协同和冲突

经济活动的多元化本身就是可持续发展的目标之一（↑SDG 8.2）。从单一种植转向轮作、农林复合或农牧结合的多元化生产系统，可以为粮食生产者提供额外的收入来源，增加家庭总收入的机会（↑SDG 2.3）。它们还可以提供在某一生产部门失败、市场波动或市场失灵的情况下的一种风险减缓策略（↑SDG 1.5、2.4）（FAO，2017a；Roy et al.，2018）。但是，Arslan等（2017）指出，收入不一定随多元化增加，这将取决于当前特定背景下多元化的促进和限制因素。

在多元化生产系统中，种类多样的食物供应得到提高，加上收入提高，使得这些产品更易获得，使粮食生产者及其社区得到更营养、更健康的食物。这可以为营养状况（↑SDG 2.1、2.2）、总体健康水平提供潜在的益处（↑SDG 3.4），并能够改善劳动生产率、生计能力（↑SDG 1.1、1.2、8.1）以及增强学习能力和专业化（↑SDG 4.1）（FAO，2018b）。此外，较高的收入可以提高受教育的机会（↑SDG 4.1、4.2），以及享受医疗保健和其他基本服务的机会（↑SDG 1.4）。而且，将牲畜纳入以作物为基础的生产系统，还可以提供动物源食品，尤其可以改善儿童和产妇的健康（↑SDG3.1、3.2）（FAO，2018b）。

从更广泛的粮食体系角度来看，小型的本地加工设施可为农场以外的生产多元化提供可能。它们的建立可以为分散地区创造就业机会，并为粮食生产者本身提供非农收入来源（↑SDG 8.5）（CCAFS，2017）。此外，本地的小型设施建设，意味着食物的运输距离更短，从而控制了与运输相关的GHG排放（↑SDG 13；CSA宗旨3）（FAO，2017a）。而且，去中心化的食物聚集、加工和分配，可以增加更广泛粮食体系的适应能力。例如，如果一个地区的设施受到诸如洪水等气候冲击的不利影响，其他聚集、加工和分配设施可能不受影响且能正常运行，从而使整个粮食体系相对接近正常水平（↑SDG 13.1；CSA宗旨2）。

**与其他CSA宗旨的主要协同和冲突**

宗旨2：协同：多元化被认为是控制粮食体系对气候变化敏感性的关键方法。此外，与生产多元化相关的收入提升可以提高粮食生产者及其社区对气候冲击的韧性和适应能力。

宗旨3：协同：生产多元化可以减少GHG排放，例如通过缩短食品的运输距离，以及增加本地的食物聚集和加工。

© 粮农组织／GMB Akash

### 2.1.1.3　气候智慧型农业行动类别1.C：农业生态系统、生态系统服务和生物多样性管理——与可持续发展目标的协同和冲突

农业生态系统可持续管理可以为生产力提高、收入增加和环境改善带来互惠互利的效果。这样的管理实践可以直接应用于耕地或牧场，例如土壤或放牧管理。它们也可以应用于农业景观中的其他管理要素，例如以改善系统结构多样性或生物多样性。

一个与作物生产有关的农业生态系统管理的例子是可持续土壤管理措施：少耕或免耕、土壤永久覆盖物的保持和作物轮作，所有这些都有助于改善土壤结构、提高土壤肥力和持水能力，并避免单作经常发生的特定养分消耗。这些措施改善了作物的养分和水分供应，从而可以提高生产力（↑SDG

2.4）（Richards et al.，2014）。对于资源贫乏的农民来说，这些做法尤其可以提供一种在商品肥料获取或供应有限的情况下的应对策略，即增加利用可自然获取的养分，以提高生产力水平并改善生计，包括经济收入和基础服务的获取（↑SDG 1.1、1.2、1.4）。同时，这些措施能够保护土壤资源，增强土壤提供生态系统服务的能力（↑SDG 15.1），例如地下水资源的再生、水的过滤和污染物的变性脱毒，从而有助于改善水的可获取性（↑SDG 6.1）和水的质量（↑SDG 6.3）（Lal，2016）。

同样，退化牧场的恢复有助于牲畜生产者提高生产力，保护自然生产的资源基础，并增强生态系统服务功能。可持续放牧措施可以通过降低放牧压力，促进实施轮牧和控制放牧时间等措施，而促进牧场恢复（FAO，2017a）。在轮牧中，可以调整放牧的频率和时间，使牲畜的需求与牧场资源的可利用性相匹配，尤其是在牧草生长早期进行牧草维护。这可提高草料的质量和消化率，从而提高系统的生产率（↑SDG 2.4），并减少牧畜单位体重增长下肠道发酵产生的甲烷排放量（↑SDG 13；CSA宗旨3）。另外，还可以恢复健康的土壤和植被，使牧场更能抵御侵蚀和干旱（↑SDG 13.1、15.3；CSA宗旨2），且拥有更强的固碳能力（↑SDG 13；CSA宗旨3）。

在农场和地貌景观尺度上维持或创造的自然元素，可以增加农业生态系统的结构异质性和生物多样性，比如缓冲带和树篱等元素，可以为野生动植物提供栖息地。同时，它们还可以通过加强对生物害虫防治、促进授粉、防治侵蚀和减少养分淋失，来支撑农业生态系统的生产力和可持续性（↑SDG 15.5）。

这其中的一些措施可能比传统措施的劳动力更集约化，导致劳动负担增加。在这种情况下，有可能增加食物生产者家庭中童工的使用，从而限制儿童获得教育的机会（↓SDG 4.1），或加重妇女的劳动负担（↓SDG 5.4）。这种风险可以通过探索与可持续机械化的协同作用来降低。

**与其他CSA宗旨的主要协同和冲突**

宗旨2：协同：改进生态系统服务功能，例如土壤健康、缓冲能力增强和对气候变化影响的韧性。

宗旨3：协同：健康和管理良好的土壤能截存碳，并将其存储在土壤有机质中。

表4总结了可持续发展目标与CSA宗旨1行动类别之间的相互联系。

## 2.1.2  气候智慧型农业宗旨2：增强农业适应气候变化的韧性[①]

CSA宗旨2主要是增强粮食生产系统和粮食生产者的生计对气候变化影响的韧性，以适应预期的长期气候变化。气候变化日益影响农业生产，以及

---

① 应该注意的是，本节中描述的所有行动都可对应到SDG 13（气候行动）。

26

食物供应和可获取性，例如导致食物供给短缺及其价格的飙升（FAO et al.，2018）。因此，增强气候变化韧性对于保障粮食安全至关重要，因为韧性增强有助于确保年内和年际间粮食供应和可获得性得以稳定。

**表4　可持续发展目标具体目标与气候智慧型农业宗旨1之间的相互联系**

对于每个CSA行动类别，具有协同作用的SDG具体目标以绿色显示，而需要权衡的冲突关系则以黄色显示。SDG和CSA宗旨1整体之间的协同作用或冲突关系用绿色和黄色阴影表示。

| CSA行动类别 | | | SDG 1 | SDG 2 | SDG 3 | SDG 4 | SDG 5 | SDG 6 | SDG 7 | SDG 8 | SDG 9 | SDG 10 | SDG 11 | SDG 12 | SDG 13 | SDG 14 | SDG 15 | SDG 16 | SDG 17 |
|---|---|---|---|---|---|---|---|---|---|---|---|---|---|---|---|---|---|---|---|
| CSA宗旨1 | 协同 | 1.A 效率 | 1.1 1.2 | 2.1 2.3 2.4 | 3.3 3.9 | 4.1 | 5.1 5.4 5.A | 6.1 6.3 6.4 | 7.3 | 8.2 8.4 | | 10.2 | 11.6 | 12.2 12.3 12.4 12.5 | SDG13 13.1 | 14.1 | 15.1 15.5 | | |
| | | 1.B 多元化 | 1.1 1.2 1.4 1.5 | 2.1 2.2 2.3 2.4 | 3.1 3.2 3.4 | 4.1 4.2 | | | | 8.1 8.2 8.5 | | | | | SDG13 13.1 | | | | |
| | | 1.C 生态系统 | 1.1 1.2 1.4 | | 2.4 | | | 6.1 6.3 | | | | | | | SDG13 13.1 | | 15.1 15.3 15.5 | | |
| | 冲突 | 1.A 效率 | 1.1 1.2 | | | | | 6.1 6.3 6.4 | | | | 10.1 10.2 10.3 | | 12.4 | 13.1 | 14.1 | 15.1 15.5 | | |
| | | 1.B 多元化 | | | | | | | | | | | | | | | | | |
| | | 1.C 生态系统 | | | | 4.1 | 5.4 | | | | | | | | | | | | |
| CSA - SDGs 相互联系 | | | | | | | | | | | | | | | | | | | |

协同
冲突

下面是实现CSA宗旨2的气候智慧型农业行动类别：

①多元化的生产系统；

②调整生产活动以规避风险，降低敏感性，并适应不断变化的环境；

③农业生态系统、生态系统服务和生物多样性管理。

### 2.1.2.1 气候智慧型农业行动类别2.A：多元化的生产系统[①]——与可持续发展目标的协同和冲突

粮食生产系统多样化不仅是拓展收入来源的经济发展机会（如上一节有关CSA宗旨1所述），还是一项在气候变化和极端情况下增强农业韧性的重要策略（↑SDG 13.1）（Roy et al.，2018；FAO et al.，2018）。与单作相比，多元化还可以通过减少土壤有机质的侵蚀和流失，进而降低GHG排放强度（↑SDG 13.1）。多元化可以扩展到多种农作物或牲畜物种，或诸如农牧结合系统、农

---

① 此措施也被描述为宗旨1下的关键气候智慧型农业行动类别。请参阅该节（上文）中的说明，以了解该宗旨下的重要行动以及它们与可持续发展目标的关系。

林复合系统和林牧系统、或作物—水产—畜禽混合系统等综合种养系统。这样可以将风险分散到对气候逆境和极端变化具有不同暴露率和敏感性的多种农业活动中，从而降低了粮食生产者的收入波动（↑SDG 1.1、1.2、1.5、2.4）。它还可以提高整个生产系统的韧性，例如，为农林复合系统中生长受树木遮蔽的农作物创造良好的小气候环境，从而减少高温逆境的影响（FAO，2017a）。

额外的农业活动引入也可以为收入增长提供机会，尤其是针对那些低收入家庭（↑SDG 10.1）。实现这种机会的关键是将小农生产者与市场联系起来。但是，多元化也存在增加妇女工作量的风险，因为在作物或牲畜管理和生产后加工中，可能需要更多地进行劳动密集型工作，而这些工作通常是由妇女来承担的（↓↑SDG 5.1）（Roy et al.，2018）。

除了在家庭层面带来的益处之外，多元化生产还有助于增强整个地方、区域或国家粮食体系的韧性，因为它有助于食物的多样化（↑SDG 2.1、2.2）（FAO，2017a）。

**与其他CSA宗旨的主要协同和冲突**

宗旨1：协同：多样化是CSA宗旨1和2共同的行动类别，既有助于长期稳定收入，又能抵御气候变化和极端天气。冲突：如果气候智慧型农业活动导致妇女工作量增加，则宗旨1的社会可持续性方面将受到不利影响。

宗旨3：协同：农业活动的多元化为生产系统各组成部分之间的营养、废弃物和副产品的回收利用创造机会，从而降低了对外部投入的依赖，并降低这些投入相关的GHG排放和成本。此外，多样化减少了土壤有机质被侵蚀和损失的可能，这也有助于减少GHG排放。

#### 2.1.2.2 气候智慧型农业行动类别2.B：调整生产活动以规避风险，降低敏感性，并适应不断变化的环境——与可持续发展目标的协同和冲突

了解气候风险及其对具体农业活动的潜在影响，对确定针对性措施以降低风险和敏感性，以及开发适应性更强的生产系统至关重要。有许多预备措施值得实施，包括生产场地的精心设计，例如建设防洪的基础设施等防护性工程和预警系统，以及选择抗逆或适应性更好的品种。这些措施能够提高粮食生产者生产系统和生计对气候变化和极端事件的韧性（↑SDG 1.5、11.5、13.1），并使产量和收入得以长期稳定（↑SDG 2.3、2.4；CSA宗旨1）。

这种措施的一个案例就是水产养殖场选址。在沿海地区，此类农场的特定位置对于降低遭受暴风雨和海平面上升的风险至关重要，选用对相关气候影响更有耐受能力的物种或品种，能够降低生产系统对气候风险的敏感性。比如在干旱风险较高的地区，将生产周期短的品种纳入水产养殖系统，并选用比较耐酸的品种（↑SDG 14.3）（CCAFS，2017）。在东非畜牧业中，一项适应

措施就是牧民在乳业生产系统中，从奶牛饲养转向骆驼饲养。因为，骆驼对干旱的耐受力更高，并且能在全年提供更稳定的奶源供应（Roy et al.，2018）。

育种有利于新品种的开发，因为，育成的这些新品种更能适应气候逆境，并更有效地利用有限的资源，包括水（↑SDG 6.4；CSA宗旨1）。特别是将传统的、适应本地的品种与经过改良的品种进行杂交，可以将具有更强适应性与更高生产力的品种特性组合在一起。例如，在牲畜育种中，当地品种具有对营养不良、高温和当地疾病的更强耐受力，使其具有对气候变化更强的适应能力，而基因改良的品种可以提供比本地种更高的生产力（FAO，2017a）。支持国家适应气候变化的育种计划，以及新品种采用，也有助于促进获取遗传资源并利用其获得收益（↑SDG 15.6）。

充分利用气候与天气信息服务，是降低生产所面临的气候风险和敏感性的重要措施。每日和季节性预报有助于在作物和牲畜生产中，选择合适活动管理的时机，特别是在气候不断变化的情况下，从而促进资源有效利用，并避免产量下降和损失（↑SDG 1.5、11.5、2.3、2.4；CSA宗旨1；CSA宗旨3）（Thornton et al.，2018）。比如，在风暴频率不断增加的背景下，预警系统可以为渔业和渔民提供重要的应对工具，使他们能够赢得更多的时间为应对风暴做准备，并加强对人员和设备的保护，免受损失和损害（FAO，2017a）。

在更广泛的粮食体系范围内，增强气候韧性和适应能力的措施还应针对生产后加工以及整个供应链的基础设施和物流。改进的存储设施和包装可以降低农民对气候相关影响的脆弱性，例如虫害侵扰、市场运输路线中断或价格暴涨（↑SDG 1.5、2.3、2.4）。它们还可减少粮食损失及其相关GHG排放（↑SDG 12.3、13；CSA宗旨3）。一些关键运输路线以及加工和配送设施的气候韧性，以及关键生产投入品库存的增加，是建立韧性供应链，并确保及时获取生产投入品，打通产品市场的重要战略（FAO，2017a）。

应当指出，增强韧性和适应性的措施可能会与其他气候智慧型农业和可持续发展目标产生冲突，尤其是当它们涉及新的基础设施、能源密集型加工或环境流量调整时。应该从规划阶段就开始考虑相应的折衷方案，使用不同的工具和方法在不同的空间规模上进行评估和解决。这些包括成本效益分析（Branca et al.，2017）、水-能源-食品（WEF）关联分析方法（FAO，2014b和2014c；Mohtar，2016；另见插文5）、水资源综合管理（IWRM；Shah & van Koppen，2006；Moriarty et al.，2010）和流域管理（FAO，2006，2014d）。

防堤等防护性建筑工程可以保护粮食生产者，特别是低收入群体的生计，因为他们最容易受到洪水、风暴和海平面上升的影响。在越南的湄公河三角洲，堤防的加高提供了防洪保护，并使稻农可以增加产量（从双季改为三季），

## 插文5 水-能源-食品关系评估

水-能源-食品（WEF）关联分析方法，旨在平衡不同的社会、经济和环境目标以及与水、能源和粮食部门相关的利益。由于这些部门及其相关的利益集团之间的存在密切互动，对这些部门中任何一个进行干预，都可能导致部门目标的协同和冲突。WEF关系评估可以提供一种可行的方法，以支持决策者对水、能源和粮食系统的状况以及潜在应对方案的影响进行评估，这有利于决策者对替代方案之间进行比较。WEF关系评估包括三个部分：

① 背景分析（定性）

地方或国家优先事宜的鉴别和利益比较。

② 定量评估

采用针对具体问题的方法工具，来测定干预方案对基线状态和情景发展的影响；基于基线的可持续性和资源利用效率指标，进行方案比较。

③ 响应选项

决策者参照部门间优先序列及其评估结果，选择最佳干预方案。

在整个WEF关系评估过程中，开展跨部门和跨学科利益相关者对话，是成功实施该战略的前提。

资料来源：FAO，2014c。

从而增加收入（↑SDG 1.5、2.3、2.4、10.1）[①]。但是，该措施不利于资源最贫乏的农民，因为他们无法继续获得从洪水中自然流入农田的大量养分，并且缺乏财力来补偿购买肥料或强化其生产系统。因此，修筑堤坝可能加剧了现有的不平等现象，并对最贫穷的稻农的生产和生计产生负面影响（↓SDG 2.3、2.4、10.1、10.3；CSA宗旨1）。另外，从长远来看，减少沉积物也加速了洪泛区沉降（↓SDG 15.3）（Roy et al.，2018）。

在诸如牲畜养殖或储存等系统中，为应对日益加剧的高温逆境而设置的冷却系统可能会导致高能耗，进而可能增加GHG排放（这取决于所使用的能源），并提高成本（↓SDG 2.4、7.3、13；CSA宗旨1；CSA宗旨3）（Roy et al.，2018）。因此，额外增加的成本应该比对避免损失带来的收益，并进行评

---

[①] 应注意的是，根据所使用的方法（例如淹水稻田），水稻产量增加可能提高甲烷排放量（↓SDG 13.1）。

估，以确保该活动的整体盈利效果；还应该探索具有替代性的可再生能源，以限制与此相关的GHG排放（见第2.1.3.3节）。

无论是大型水坝还是农田集水池塘，蓄水设施的建设可以改善灌溉水的获得途径，从而减少对干旱的脆弱性。同时，由于它们改变了水的环境流，其他相对贫困或边缘化用户的水资源获取（↓SDG 6.1、10.2），以及与水相关的生态系统（↓SDG 6.6，15.1）可能受到负面影响。

### 与其他CSA宗旨的主要协同和冲突

宗旨1：协同：杂交育种可以提高品种的生产力和资源利用效率，从而提高品种的适应力。冲突：目标性的韧性增强和适应措施通常会带来额外的成本，男性和女性对此承担的能力将会不同，这具体取决于他们的社会经济状况。从中长期效果来看，通过对生产力和收入的稳定，这些措施所获得的收益可能会指向整个社会或特定人群。一些有助于避免减产、生产资料损失或损坏的规划和干预措施，都可以提高资源利用效率。

宗旨3：协同：由于韧性和适应性增强措施可以避免产量下降或损失，进而可以降低GHG的排放强度。冲突：改善适应的措施可能涉及更多能源的使用，如果未采用可再生能源，这可能导致GHG排放量增加。

### 2.1.2.3 气候智慧型农业行动类别2.C：农业生态系统、生态系统服务和生物多样性管理——与可持续发展目标的协同和冲突

提升农业生态系统及其周边陆地景观和海洋景观的生态系统服务和生物多样性，可以增强这些系统对气候变动和变化影响的韧性和适应能力（↑SDG 1.5、2.4、13.1）。它还有助于陆地、水域和海洋生态系统的可持续利用和保护，

以及生物多样性保护（↑SDG 6.6、14.2、14.5、15.1、15.2、15.4）和退化土地的修复（↑SDG 15.3）。改善土壤结构和肥力的管理措施，可以减轻土壤侵蚀，促进水分入渗和保持，从而增强农作物和牧场对干旱、洪水和暴风雨等气候变化影响的韧性（Power，2010）。较高的土壤入渗和持水力可以提高农作物对雨水的利用，从而提高农作物生产力，并降低灌溉需求（↑SDG 2.3、2.4、6.4）。这些措施还能够增加对地下水的补给，因此可以改善对水资源的获取性。但是，在农业生态系统中，更高的植被覆盖及树木比例，也可能会由于蒸腾增加和补给下降，进而导致耗水量增加（↓↑SDG 6.1）。

在农业生态系统及其周边陆地景观中，提高农业和野生物种的多样性，有利于控制病害。因为，这些措施可以限制有害生物和疾病的传播，并帮助更强大的自然捕食者存活（↑SDG 2.5）（FAO，2017a；Power，2010）。农业生物多样性可以通过生产系统多样化来实现（CSA宗旨1；CSA宗旨2），也可以通过应用更多种类的农作物和动物品种来提高。作物和动物品种的多样性还可以加强对栽培植物和家养动物遗传多样性的就地保护（SDG 2.5）。通过提供散布在农业景观中多样化的栖息地，例如自然生物群落、预留土地和生态系统的其他结构性要素（树篱或缓冲带等），可以提高野生物种的生物多样性（↑SDG 2.5）。间作系统可以应用多种空间和时间模式，进而整合不同的一年生和多年生作物，提高耕种区域内的结构异质性，从而进一步增强对病害的调控。系统结构的异质性还可以促进小气候的调节，并缓冲极端温度现象带来的不利影响。

这些基于传统生态系统的生产系统，例如全球重要农业文化遗产系统（GIAHS），通常会很好地适应当地条件，并整合到自然生态系统中。作为气候智慧型农业策略的一部分，利用和适应它们，将有助于人文和自然遗产的保护和复兴（↑SDG 11.4）（FAO，2014e）。

农林复合系统是一个综合的生产系统，它将多年生木本植物和农作物以及牧草或动物的生产结合在同一块土地上，并综合应用了上述许多原则。其他一些通过生态系统的可持续管理来增强韧性的做法，包括退化草地的修复（↑SDG 15.3;见第2.1.1.3节）和可持续森林管理（↑SDG 15.2）（FAO，2017a）。对过度捕捞的限制，以及海洋和沿海地区的可持续管理和保护，可以促进生物多样性丰富的生态系统发展，从而增强这些生态系统对气候变化的韧性（↑SDG 14.2、14.4、14.5）。这样的生态系统可以支撑鱼类种群的可持续管理，并增强渔民的气候变化韧性。红树林是沿海生态系统中特别重要的组成部分，对它们的保护和可持续管理，在维持和更新鱼类资源方面发挥着至关重要的作用。此外，它们还可以为受气候变化物理影响的沿海生产系统提供保护（↑SDG 11.5），并实现碳截存（↑SDG 13；CSA宗旨3）（FAO，2017a；CCAFS，2017）。

在最初阶段，采用农林复合等可持续措施和生产系统来提升生态系统的服务和生物多样性，可能导致产量下降和收入减少，但这些负面影响通常会在长期的实施过程中得到补偿（↓↑SDG 2.3、2.4）（Power，2010）。为了在短期内抵消产量和收入的减少，可以将社会援助机制（例如现金转移支付）与促进气候智慧型农业实践结合起来（FAO，2019a）（↑SDG 1.3）。

**与其他CSA宗旨的协同和冲突**

宗旨1：协同：增强生态系统服务和生物多样性，有利于气候韧性和生产力或收入提高（见第2.1.1.3节）。冲突：在气候智慧型农业行动类别下，采用农林复合等做法可能会在短期内降低生产力和经济效益，并可能对女性和男性产生不同影响。但是，这些冲突通常会在长期的实施过程中得到补偿。在生产力提升中，应该以可持续集约化的农业方式实施，以避免与生态系统服务和生物多样性产生冲突。

宗旨3：协同：在气候智慧型农业行动类别下，许多措施（例如农林复合）都可以增强土壤和植物生物质中的碳截存。

表5总结了可持续发展目标具体目标与CSA宗旨2行动类别之间的相互联系。

表5　可持续发展目标具体目标与气候智慧型农业宗旨2之间的相互联系

对于每个CSA行动类别，具有协同作用的SDGs具体目标以绿色显示，而需要权衡的则以黄色显示。SDGs和CSA宗旨2整体之间的协同作用或冲突关系用绿色和黄色阴影表示。

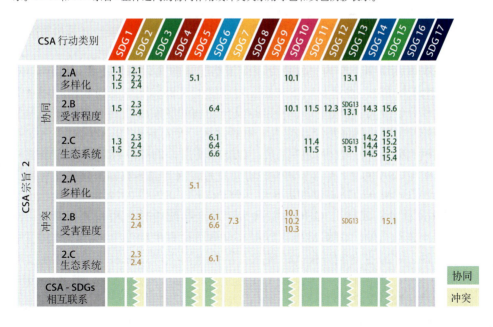

| CSA行动类别 | SDG 1 | SDG 2 | SDG 3 | SDG 4 | SDG 5 | SDG 6 | SDG 7 | SDG 8 | SDG 9 | SDG 10 | SDG 11 | SDG 12 | SDG 13 | SDG 14 | SDG 15 | SDG 16 | SDG 17 |
|---|---|---|---|---|---|---|---|---|---|---|---|---|---|---|---|---|---|
| 协同 2.A 多样化 | 1.1 1.2 1.5 | 2.1 2.2 2.4 | | | 5.1 | | | | | 10.1 | | | 13.1 | | | | |
| 协同 2.B 受害程度 | 1.5 | 2.3 2.4 | | | | 6.4 | | | | 10.1 | 11.5 | 12.3 | SDG13 13.1 | 14.3 | 15.6 | | |
| 协同 2.C 生态系统 | 1.3 1.5 | 2.3 2.4 2.5 | | | | 6.1 6.4 6.6 | | | | | 11.4 11.5 | | SDG13 13.1 | 14.2 14.4 14.5 | 15.1 15.2 15.3 15.4 | | |
| 冲突 2.A 多样化 | | | | | 5.1 | | | | | | | | | | | | |
| 冲突 2.B 受害程度 | | 2.3 2.4 | | | | 6.1 6.6 | 7.3 | | | 10.1 10.2 10.3 | | | SDG13 | | 15.1 | | |
| 冲突 2.C 生态系统 | | 2.3 2.4 | | | | 6.1 | | | | | | | | | | | |
| CSA - SDGs 相互联系 | | | | | | | | | | | | | | | | | |

协同
冲突

### 2.1.3 气候智慧型农业宗旨宗旨3：尽可能减少或消除温室气体排放

CSA宗旨3主要是减少粮食生产系统中的GHG排放量（绝对排放量和排放强度），并在农业生态系统、农业景观和海洋景观中实现碳截存。IPCC (Roy et al., 2018) 发现，与温度升高2.0℃相比，如果将全球变暖控制在比工业化前的水平高1.5℃，那么可持续发展的许多目标实现起来将更加容易。在这种情况下，遭受气候风险和易受贫困影响的人数将会更少，并有更大的可能消除贫困和减少不平等现象。因此，农业和粮食体系中减缓气候变化有关的努力，如果能与其他部门的努力相结合，将有助于包括与平等（SDG 10）、贫困（SDG 1）和饥饿（SDG 2）在内的多个可持续发展目标的实现。

如果农业领域减缓气候变化的措施是明确定义为"减缓气候变化的行动"（SDG 13），那就应该注意到SDG13中并没有专门针对减少GHG排放的具体目标。SDG 9.4是唯一一个具有GHG排放指标的可持续发展具体目标，但主要关注制造业，包括食品加工，不包括农业生产阶段。尽管如此，本书认为以下描述的所有行动都可对SDG 13形成贡献。

以下是可以实现CSA宗旨3的气候智慧型农业行动类别：
①提高资源利用效率；
②在农业生态系统中保存和截存碳；
③用可再生能源替代化石能源。

#### 2.1.3.1 气候智慧型农业行动类别3.A：提高资源利用效率——与可持续发展目标的协同和冲突

在农业领域中，作为气候变化减缓策略的资源高效利用主要是针对GHG减排（↑SDG 13），并涉及以下方面：对作物的有机和无机肥料配合施用（例如实地养分管理）；畜牧生产，特别是反刍动物的肠发酵，例如使用高营养型饲料；粪便管理，例如堆肥或使用生物消化器；投入品的工厂化生产，例如通过提高饲料转化率，减少饲料需求；和能源使用，例如，机械和冷却系统使用。这些与CSA宗旨1有着非常强的协同关系，因为大多数相关措施还将减少投入的支出或提高生产系统的生产率（↑SDG 1.1、1.2、2.3、2.4）（见第2.1.1.1节）（Roy et al., 2018）。GHG排放代表了生产系统中养分和能量的损失，特别是氮、碳化合物。GHG减排可以提高这些资源在生物学生产和能源利用中的可用性，并减少对额外投入的需求，从而提高生产系统整体资源利用效率（↑SDG 8.4）。粮食减损可提高整个食物价值链的资源利用效率，并降低GHG排放强度（↑SDG 12.3）。

在食物价值链的机械化生产系统和产业中，采用资源高效利用技术，可以降低能源利用中的GHG排放，并提高能源利用效率。这些高效技术包括牲畜生产中的高效冷却系统或渔船中的高效发动机等（↑SDG 7.3、9.4）。渔业节能的另一项措施是降低捕鱼船队的过剩产能，这也有利于控制过度捕捞，并实现鱼类种群的可持续管理（↑SDG 14.4）（FAO，2017a）。

在以薪柴为烹饪主要能源的地区，推广高效灶具通常也是气候智慧型农业行动计划的一部分。除了节省薪柴和减少食物烹制过程中的GHG排放外，这些炉灶还有助于降低空气中可吸入颗粒物的污染，从而降低伴生性呼吸系统疾病的发生率（↑SDG 3.9）（FAO，2017a; Thomas et al.，2015）。它们还可以减轻女孩和妇女收集薪柴的负担，提高她们的其他能力（↑SDG 5.1）（Roy et al.，2018）。

通过优化动植物的饲料转化和养分利用效率，新品种选育在降低对能源密集型肥料和饲料的需求方面也起着重要作用。现代育种技术可以开发能够在其根部产生抑制硝化作用的物质的新品种，以降低 $N_2O$ 排放。饲料作物臂形草属（Brachiaria，译者订正）亚种和高粱的自然生长过程中，其根系就能产生类似物质，通过抑制氧化亚氮形式挥发而减少植物氮的损失（Subbarao et al.，2017）。

**与其他CSA宗旨的主要协同和冲突**

宗旨1：协同：大多数提高资源利用效率的措施和做法有助于生产力或收入提升，同时减少GHG排放。为降低GHG排放而减少投入品，将产生与CSA宗旨1相同的经济、社会和环境效益。

宗旨2：协同：减少生产投入品的支出，可以促进食品生产者的金融资产积累。一般认为，收入和储蓄水平较高的个人和社区，对气候影响的适应能力更强。

### 2.1.3.2 气候智慧型农业行动类别3.B：在农业生态系统中保存和截存碳——与可持续发展目标的协同和冲突

农业生态系统中的碳截存是植物通过光合作用将大气中的二氧化碳（$CO_2$）同化成生物质，并通过根系分泌或秸秆及残茬等形式输入到土壤中，转化为土壤中长期稳定储存的有机化合物（土壤有机质），以及以木材生物质及其衍生产品等形式而长期保存的过程。实践中有一系列措施可以帮助实现这一目标，例如保护性耕作与覆盖作物和农作物残茬覆盖，树木与农作物和牲畜系统复合，比如农林复合和林牧系统，退化生态系统的恢复，海藻水产养殖，可持续森林管理，以及植树造林等。这些碳储量只有长期保持在农业生态系统中，农业生态系统的碳截存才能有效地减缓气候变化。这就需要随着时间的流逝而持续使用可持续的管理措施，并保护包括湿地、泥炭地、森林和红树林在内的富含碳的农业生态系统（↑SDG 13）（FAO，2017a）。

气候智慧型农业这一行动类别的主要措施与提高生产力和增强生态系统服务的相关措施（见第2.1.1.3节），以及建立农业生态系统的韧性（见第2.1.2.3节）措施是一致的。因此，它与CSA宗旨1和CSA宗旨2具有很强的协同关系，并可为生产力和收入提高及建立有韧性的生产系统（↑SDG 1.5、2.3、2.4）、粮食安全（↑SDG 2.1、2.2），以及可持续利用、恢复和保护生态系统等目标做贡献（↑SDG 6.6、14.2、15.1、15.2、15.3）。应当指出的是，由于蒸腾作用，植物生物量的增加也可能导致耗水量增加、水文流量减少，从而损害下游用水者和与水系相关的生态系统（↓↑SDG 6.1、6.6）（Roy et al.，2018）。

从刀耕火种和焚烧秸秆转向致力于减少GHG排放的更可持续的耕作措施，可以减少与可吸入颗粒物有关的空气污染，并降低呼吸道疾病风险（↑SDG 3.9）。

森林土地的保护和可持续管理，可以为依赖森林的社区提供各种生计和创收的备选方案（世界银行，2016）。将可持续森林管理与负责任的木材采购联系起来，还可以提供体面的工作机会（SDG 8.3）（Roy et al.，2018）。当存在土地替代利用压力时，例如扩大作物或牲畜生产，特别是在难以监测的地区，森林保护政策应伴随着可持续集约化的作物或牲畜生产而推广应用，这是为了减少与土地保护相关的冲突（Tiedeman & Ghosh，2018）。

造林和再造林举措也可能引起用地竞争，并对农民获得土地产生不利影响，尤其是对没有土地所有权的贫困或边缘化的自给自足农民。这可能会对他们的生计、粮食安全和经济增收机会产生不利影响（↓SDG 1.1、1.2、1.3、1.4、2.1、2.2、10.1、10.3）（Roy et al.，2018）。

**与其他CSA宗旨的主要协同和冲突**

宗旨1：协同：提高土壤有机碳含量的措施，还可以提高土壤肥力和生产力。冲突：在粮食生产和植树造林之间存在竞争土地利用的潜在冲突。

宗旨2：协同：增加土壤有机碳含量的措施，还可以改善土壤结构，从而降低土壤对侵蚀、干旱和洪水的敏感性。农林复合系统可以通过创造有利的微气候来提高系统的韧性，并降低对侵蚀的敏感性。

### 2.1.3.3 气候智慧型农业行动类别3.C：用可再生能源替代化石能源

与化石燃料相比，使用可再生能源，包括风能、太阳能、水力发电、地热能和生物质能，可以显著降低GHG排放量。农业系统可以通过提供生物质，即农产品、副产品和废弃物，来生产生物质能源，进而直接为增加可再生能源在燃料和能源消耗中的份额做出贡献，帮助减缓气候变化，但前提是在生物质生产过程中所需的能量需求强度已被最小化（↑SDG 7.2、13）。

在厌氧消化池中，生物质，例如集约化牲畜系统的粪便，在无氧条件下借助发酵过程而分解产生的甲烷（$CH_4$），可用于加热、烹饪或产生能源。这项技术使农民能够在农场上直接生产生物质能源，为创收和收入多样化创造机会（↑SDG 2.3）。受控的发酵过程可以减少甲烷向大气直接排放，并降低农场对替代能源的需求。发酵过程形成的副产品沼液可用作肥料，代替外部投入，并提高生产系统的资源利用效率和盈利能力（↑SDG 2.4；CSA宗旨1）（FAO，2017a）。发酵过程还能杀死用于生产沼气的粪便和人类排泄物中的病原生物，从而降低粪便处理和食用其所生产的作物而可能带来的健康和食品安全风险（↑SDG 3.3）（Roy et al.，2018）。

农业还可以从其他可再生能源技术中受益，以减少在食品生产以及整个食物价值链中化石燃料的使用。相关案例包括乳制品生产中的太阳能灌溉系统（SPIS）和太阳能冷却系统（↑SDG 9.4）。SPIS可以显著减少抽水带来的GHG排放（GACSA，2017a）。作为SPIS的一部分，安装光伏板以及其他可再生能源技术，也可以为其他用途提供电力。这具有增加可持续和可靠能源获取途径的效果，特别是在没有电网连接的偏远地区（↑SDG 7.1）。此外，此类技术的分散使用，还减少了对不可靠的电力和燃料供应服务的依赖，而且这些服务还可能受到气候变化对运输和电力基础设施带来的进一步影响（↑SDG 13.1；CSA宗旨2）。分散式可再生能源系统还可以减轻女孩和妇女购买传统生物质燃料的负担（↑SDG 5.1）（Roy et al.，2018）。

将耕地用于生产生物质来获得生物质能源，以及将粮食作物直接用于生物质能源生产，可能会与粮食生产和粮食安全目标形成竞争。这尤其可能影响资源匮乏和脆弱的食品生产者，因为他们获得耕地的机会将可能减少（↓SDG 1.1、1.2、1.4），其粮食安全也将由于粮食供应的减少和粮食价格的上涨而受到威胁（↓SDG 2.1、2.2）（Roy et al.，2018）。目前已经有一些方法和工具可用于生物质能源备选方案可持续性的评估，并鉴别和最小化潜在的冲突，其中包括《粮食-能源综合系统评估框架》（FAO，2014b）和《水-能源-食品关联分析方法》（FAO，2014c）。

**与其他CSA宗旨的主要协同和冲突**

宗旨1：协同：使用可再生能源可以降低生产成本。特别是生物质能源，它提供了回收农副产品和废弃物的可能，从而提高了生产系统中的资源利用效率。冲突：由于土地和生物质方面的竞争，生物质能源和粮食生产可能存在冲突，进而影响粮食安全。

宗旨2：协同：分散的可再生能源系统提高了偏远地区粮食生产者和社区的气候韧性；如果电网受到灾难的负面影响，分散的能源用户将免受影响。

表6总结了SDGs具体目标与CSA宗旨3行动类别之间的相互关系。

**表6　可持续发展目标具体目标与气候智慧型农业宗旨3之间的相互联系**

对于每个CSA行动类别，具有协同作用的SDGs目标以绿色显示，而需要权衡的则以黄色显示。SDGs和CSA宗旨3整体之间的协同作用或冲突关系用绿色和黄色阴影表示。

| | CSA 行动类别 | SDG 1 | SDG 2 | SDG 3 | SDG 4 | SDG 5 | SDG 6 | SDG 7 | SDG 8 | SDG 9 | SDG 10 | SDG 11 | SDG 12 | SDG 13 | SDG 14 | SDG 15 | SDG 16 | SDG 17 |
|---|---|---|---|---|---|---|---|---|---|---|---|---|---|---|---|---|---|---|
| 协同 | 3.A 效率 | 1.1 1.2 | 2.3 2.4 | 3.9 | | 5.1 | | 7.3 | 8.4 | 9.4 | | | 12.3 | SDG13 | 14.4 | | | |
| | 3.B 截存 | 1.4 1.5 | 2.1 2.2 2.3 2.4 | 3.9 | | | 6.1 6.6 | | 8.3 | | | | | SDG13 | 14.2 | 15.1 15.2 15.3 | | |
| | 3.C 可再生 | | 2.3 2.4 | 3.3 | | 5.1 | | 7.1 7.2 | | 9.4 | | | | SDG13 13.1 | | | | |
| 冲突 | 3.A 效率 | | | | | | | | | | | | | | | | | |
| | 3.B 截存 | 1.1 1.2 1.3 1.4 | 2.1 2.2 | | | | 6.1 6.6 | | | | 10.1 10.3 | | | | | | | |
| | 3.C 可再生 | 1.1 1.2 1.4 | 2.1 2.2 | | | | | | | | | | | | | | | |

CSA 宗旨 3

CSA - SDGs 相互联系

协同 / 冲突

## 2.2　气候智慧型农业实施步骤与可持续发展目标具体目标的相互联系评估

气候智慧型农业实施过程本身是实现向气候智慧型粮食生产系统成功转型的关键要素。这通常包括五个步骤：①为气候智慧决策提供坚实的证据基础；②为采用气候智慧型农业选项创建有利的环境；③增强各级机构支持气候智慧型农业的能力；④为气候智慧型农业调动资源；⑤确定并实施最合适的机制，使粮食生产者实现对气候智慧型农业方案的广泛而持续的采用（FAO，2017a）。本节评估了可持续发展目标与气候智慧型农业实施步骤以及相应行动之间的相互联系，其中许多是直接对应于《2030年可持续发展议程》中被鉴别的实施手段。

### 2.2.1　步骤一：证据库扩展

坚实的证据基础是在农业政策制定过程中确定有效且可持续的气候智慧型农业方案和有决策依据的关键条件。因此，证据库扩展是增强国家适应能力的重要因素（↑SDG 13.1）。该步骤所涉及的措施包括评估气候变化的影响，以及农业和粮食体系的GHG排放，在更广泛的可持续发展背景下鉴别和评估气候智慧型选项，评估实施的机构和资金需求，以及监测和评价的反馈信息（FAO，2017a）。所收集的信息应便于使政府回答以下问题：

①在部门和子部门层次上，可能产生的气候影响是什么？与这些影响相关的时间框架如何为适应性干预措施的时间表提供参考？

②给定部门或子部门的适应成本与同一部门或子部门可能的利润和生计收益相比如何？

③是否可以将这些投资更好地用于增加进口，并使国家、区域或地方经济多样化？

④是否存在值得付出高昂适应成本的贸易或增值可能？

证据库扩展涉及气候智慧型农业的一个关键点：促进性别平等的方法。因此，这一步骤包括收集按性别分类的数据，并进行性别分析。这可以为支持性别敏感的男女平等的农业政策和项目规划提供决策基础（↑SDG 5.5）（FAO，2017a）。

## 2.2.2　步骤二：资助扶持性政策框架和计划

建立可靠的证据基础后，需考虑气候智慧型农业方案选择的优先序，并制定出一致的、国家所有的气候智慧型农业策略。在该策略指导下，与农业有关的气候变化应对措施已纳入相关部门的计划和战略，包括修订现有政策，并在必要时制定新政策，从而为实施优先的气候智慧型农业选项创造有利条件。设定适当的激励机制，并关注阻碍优先措施采用的因素和不必要的潜在冲突（↑SDG 13.2）（FAO，2017a）。该计划过程还可以与国际气候变化相关机制（↑SDG 13.B）下的规划和实施过程相关联，并从中受益。

另外，应该对现行政策及其为国家发展优先事宜带来的预期和非预期的后果进行全面评估，从而在多个利益相关方对话及包容性决策支持下（↑SDG 17.14），为政策修订和制定提供信息，并最大程度地确保政策的一致性。跨部门的协调规划和政策的一致性，有助于确定相关措施的相互联系，增强协同作用，避免潜在的冲突，或至少将冲突降低到最小，抑或对其进行补偿（Bouyé et al.，2018）。

为优先改善农业生产力而采取的现有政策，可能需要在适应和减缓目标，以及对自然资源的可持续利用方面进行权衡。例如，在短期内，为干燥地区抽水灌溉提供的化石燃料或电力补贴，可能会提高生产率；但从长远来看，它们可能会导致能源浪费和水资源过度开发，并最终影响农民的气候韧性（FAO，2017a）。诸如水-能源-食品（WEF）关联分析方法（FAO，2014c；见第2.1.2.2节和插文5）等综合规划方法，可通过促进跨多个目标和部门的协调，来支持此类政策的重新设计（↑SDG 12.C）。其结果不仅可以增强气候韧性（↑SDG 13.1）、可持续获得水资源（↑SDG 6.4），也可以提高能源利用效率（↑SDG 7.3）和减缓气候变化（↑SDG 13）。修订补贴政策时，应特别注意贫困的粮食生产者，以避免对他们的生计和粮食安全造成不平等的影响。这可以通过针对性的社会保障措施来确保他们的利益。

渔业部门也有类似的补贴。对它们的重新设计或废除旨在减少捕捞船队的产能过剩（↑SDG 14.6），为鱼类种群的可持续管理（↑SDG 14.4）以及渔业社区和产业的韧性（↑SDG 13.1）带来积极效应，并减少GHG排放（↑SDG 13）（见第2.1.2.3节和2.1.3.1节）。关于可持续渔业、气候适应和减缓之间协同关系的辩论，也可以为执行有关海洋保护和可持续利用的国际法提供更大的动力（↑SDG 14.C）。

实施促进生态系统服务和生物多样性建立和提升的气候智慧型农业方案（见第2.1.1.3和2.1.2.3节），有助于将这些生态系统服务和生物多样性保护的价值纳入农业及相关部门的规划和战略制定之中（↑SDG 15.9）。

在规划气候智慧型农业活动时，需要考虑的一个重要方面是粮食生产者的产权。在气候智慧型农业倡议中提倡的许多措施，例如农林复合或保护性农业，需要进行先期投资，并且需要时间来实现收益。因此，只有确保土地使用权，才能保证粮食生产者将从这种投资中受益。产权薄弱或缺乏，特别是对妇女和少数民族而言，由于存在土地被剥夺的风险，经常会阻碍倡议中所提倡的措施得到采用（FAO，2017a；Alcorn，2013）。所以，对于气候智慧型农业规划来说，了解现有的产权制度，并与其他举措产生协同，建立公平的产权法（↑SDG 16.B），实现包括贫困人口（↑SDG 1.4）、妇女和女童（↑SDG 5.1、5.A）和本土居民（↑SDG 10.3）在内的所有人口的平等产权权利。《在国家粮食安全背景下负责任地治理土地、渔业及森林权属的自愿准则》（VGGT），为此类倡议提供了指导（FAO，2012）。

根据社会经济背景和气候智慧型农业的优选方案，社会援助项目和措施可能是气候智慧型农业实施过程的重要内容，并有助于国家在社会保护和平等方面的工作开展（↑SDG 1.3、1.B、10.4）。食品券、现金转移、风险保险和生产性资产转移等社会保障措施，不仅直接减轻了食物生产者的贫困（↑SDG 1.1、1.2），并提高了他们获得基本服务的机会（↑SDG 1.4）和粮食安全（↑SDG 2.1、2.2）。反过来，这又支持了受益者的生产能力，使他们能够从事经济生产活动，并投资于更具可持续、抵御力强和创新性高的农业做法（↑SDG 2.3、2.4、8.3）（FAO，2017a；FAO，2018a）。

通过社会保障而构建的生计资产和风险保险，可提高贫困和脆弱的粮食生产者的抵御力，减轻气候冲击对他们的粮食安全和生计的影响（↑SDG

1.5)。它还可以帮助他们避免不良应对策略，例如出售生产性资产，或以不可持续的方式开采自然资源（↑SDG 6.6、14.4、15.1、15.2、15.3、15.4、15.5）（FAO，2017a；GACSA，2017b）。社会保障措施，例如以劳抵资，也可以帮助单个家庭选用超出其能力范围的气候智慧型农业选项，并增强社区或景观的整体弹性。此类气候智慧农业选项包括再造林、用于控制水土流失和管理流域的建筑工程，以及降低市场门槛的基础运输设施。这不仅可以支持体面劳动机会的创建（↑SDG 8.5），又可以支持有弹性的基础设施建设（↑SDG 9.1）。

尽管具有气候韧性的基础设施规划和开发，有可能与建设具有弹性的农村生计（↑SDG 1.5）和促进机会平等（↑SDG 10.2）的目标产生协同，但应注意其与生态系统服务目标之间可能的冲突。例如，在敏感的生态系统中，修建道路可能会对陆地碳汇（↓SDG 13、13.2；CSA宗旨3）、土地和水资源以及生物多样性（↓SDG 6.6、15.1、15.2、15.4、15.5）产生负面影响。

### 2.2.3　步骤三：加强国家和地方机构的能力建设

气候智慧型农业实施是一个知识密集型和创新性的过程，需要高水平的技术和机构协调能力。因此，能力建设是气候智慧型农业实施的基本要素(FAO，2017a)。机构是粮食生产者和决策者的组织力量，也是扩大和维持气候智慧型农业的措施（CCAFS，2017）。在实施过程中，应在三个不同的层次上建设适当的机构能力：

①基层：地区和社区级别的机构能够支持将气候智慧型农业的有关通用信息传播到地方，并可以充当与食物生产者直接联系的最后一公里联系者。

②中层：地方政府和相关机构通常是获得国家支持并实现地方与国家沟通的有用渠道。因此，他们可能需要适当的资金或能力建设支援，以执行此项功能。

③国家：国际农业研究磋商小组的"气候变化与农业和粮食安全研究计划"（CCAFS，2017）指出，国家机构通常在与技术和管理方案、气候变化和预测以及与市场状况有关的信息发布中发挥关键作用。它们还经常提供安全网络。国家机构将带头将气候智慧型农业纳入计划和政策的核心，以加强横向和纵向合作，并确定和支持实施权力下放的支持方案。

提升这些各级机构能力的有效方法包括多个利益相关方的网络、伙伴关系、平台建设和支持。这些方法有助于，比如气候智慧型农业的协同创新，为包含气候智慧型农业的知识密集型决策过程提供证据，或为实地实施的气候智慧型农业方案等提供支持（↑SDG 17.17）（FAO，2017a；FAO，2019b）。

气候智慧型农业实施能力的培育涉及诸多领域，它们与许多不同的可持续发展目标和相关的具体目标有关。它们包括减缓和适应气候变化的人员和机构能力（↑SDG 13.1、13.3）；改善农村地区、城郊地区和城市地区之间联系的发展规划

（↑SDG 11.A）；各级水资源综合管理及相关协调机制（↑SDG 6.4、6.5、6.A）；研究和传播与气候智慧型农业相关的技术（↑SDG 12.A）；以及遗传资源的获取和利用（↑SDG 15.6）。

在证据库扩展中，与大学生一起开展相关分析和评估，例如通过赞助和指导研究生和实习生，可以增强青年人才的专业技术和能力（↑SDG 4.4）（FAO，2017a）。

农业和环境等不同部门之间的协调对于气候智慧型农业成果的可持续性和公平性至关重要。这可以通过调整机构任务和工作程序，建立机构协调机制（例如各部门和多方利益相关者工作组）来实现。改进工作协调并参与气候智慧型农业规划可以提高与气候智慧型农业相关的治理效率，并健全问责制度，提高透明度（↑SDG 16.6）。它还可以支持将气候变化措施纳入农业部门的政策、战略和规划中，并为其更好地融入其他部门而树立典范（↑SDG 13.2）。

向食品生产者提供即时支持的机构，例如技术推广、信息和金融服务组织，是利于气候智慧型农业实施的重要环境组分。为气候智慧型农业进行的能力开发，应包括此类服务的建立，以及确保这些相关机构具有适当的技能。比如与金融服务相关的一个例子——气候保险，它使食品生产者，尤其是小规模农民，能够在受气候冲击意外发生时维持基本的生计和粮食安全，并承担与气候抵御力和适应性技术投资相关的金融风险（Microinsurance Network，2018；Barooah et al.，2017；GACSA，2017b）。因此，为气候智慧型农业建立金融服务，有助于金融机构广泛提供此类服务的能力提升（↑SDG 8.10），并鼓励对创新措施和技术的投资（↑SDG 9.3）。在实施过程中，应注意保险等服务的设计，因为保险服务存在将低收入群体排除在外，从而加剧不平等现象的风险（↓↑SDG 10.4）（Roy et al.，2018）。

加强粮食生产者组织、合作社、网络和个人（特别是小农）参与这些服务的能力建设，不仅能为这些落后者提供商机（↑SDG 8.1），还将使他们有能力参与决策（↑SDG 16.7）。

### 2.2.4 步骤四：改善融资方案

与任何农业发展计划一样，准备和实施气候智慧型农业策略也需要投资。对于许多气候智慧型农业方案，我们已经证明其可以拥有正向的经济投资回报，气候智慧型农业的适应和减缓措施也有望为国民经济与粮食安全提供长期贡献（FAO，2017a）。气候智慧型农业还可以提供有效途径，以从国际气候融资机制和双边合作伙伴那里筹集更多资金，从而促进发展中国家的农业可持续发展（↑SDG 17.3）。气候智慧型农业的气候融资和官方的发展援助可为发达国家实现1 000亿美元气候融资目标做贡献，并可以撬动国内和私营部门对气候智慧型农业的公共投资，包括金融服务（↑SDG 8.10、13.A）（见第2.1.4.3节）。

气候智慧型农业融资方案的改善还有助于增加在许多特定领域的投资，例如农业研究和推广服务领域（↑SDG 2.A）、可持续森林管理（↑SDG 15.B）以及生物多样性和生态系统的可持续利用（↑SDG 15.A）。可持续森林管理筹资机制的一个例子是REDD+（减少发展中国家毁林和森林退化所致排放量，以及森林可持续管理及保护和加强森林碳储量），该系统为发展中国家提供了在森林土地上实现碳截存的费用。考虑到与可持续森林管理相关的成本，以及土地利用替代（如作物或畜牧生产）所放弃的经济发展机会，REDD+可以成为使发展中国家继续在其林地中实现碳截存，并追求适应相关的和生计的共同利益的一种方式（Negra & Wollenberg，2011）。

侧重于高产出和高科技气候智慧型农业方案的投资，有可能将资源从其他政策部门转移，尤其是从那些被鉴定为最需要资源的潜在受益者。因此，气候智慧型农业策略应考虑所有人群的需求和可能性，以确保气候智慧型农业投资也可以尽可能支持减少贫困和不平等现象（↓↑SDG 1.A、10.B）。

### 2.2.5　步骤五：强化实地实施

实地实施气候智慧型农业的主要目标是在气候变化的背景下增强粮食生产者和粮食体系中其他利益相关者的能力，以创建高生产力、有韧性和可持续的食物生产系统及价值链（↑SDG 13.3）。粮食生产者培训计划的重点是技能和技术培养，从而提高成年人和青年的专业技能和资质（↑SDG 4.4）。

此外，参与式的成人学习方式，如农民田间学校（FFS），可以提供一个用于多方面讨论和推介的平台。例如健康营养和其他与健康相关的问题，包括艾滋病（↑SDG 2.2，3.3）；将食物生产者与市场和价值链联系起来的创业技能（↑SDG 9.3、14.B）；以及使用信息通信技术（ICT）改善对气候和其他信息的获取的技能（↑SDG 5.B、9.C）。妇女和被边缘化人群通过参与FFS，可以增强其权利和能力，并使社会和经济的包容性得到改善（↑SDG 5.5、10.2）。为了实现这一目标，我们必须注意以下问题：如何将参与的机会广而告之？谁能获知？受益人的性别、经济或社会地位可能会给他们带来哪些潜在的参与障碍（FAO，2016c）？

目前已有针对年轻人参与的特定模式，例如，初级农民田间和生活学校（JFFLS）培训农村儿童的农业、创业和生活技能，其中包括有关气候变化、可持续农业实践和绿色工作的模块。JFFLS可以与其他方面的努力共同作用，增加青年人在农业活动中的就业机会，减少向城市地区的迁移（↑SDG 8.6）（FAO，2017a）。

表7总结了在可持续发展目标具体目标和5个气候智慧型农业实施步骤之间被鉴别的相互联系。

**表7　可持续发展目标具体目标与气候智慧农业实施步骤之间的相互联系**

对于每个CSA实施步骤，具有协同作用的SDG目标以绿色显示，而需要权衡的则以黄色显示。SDGs和CSA实施过程整体之间的协同或冲突关系用绿色和黄色阴影表示。

| CSA实施步骤 | | SDG 1 | SDG 2 | SDG 3 | SDG 4 | SDG 5 | SDG 6 | SDG 7 | SDG 8 | SDG 9 | SDG 10 | SDG 11 | SDG 12 | SDG 13 | SDG 14 | SDG 15 | SDG 16 | SDG 17 |
|---|---|---|---|---|---|---|---|---|---|---|---|---|---|---|---|---|---|---|
| 协同 | 步骤1 证据 | | | | | 5.5 | | | | | | | | 13.1 | | | | |
| | 步骤2 规划 | 1.1 1.2 1.3 1.4 1.5 1.B | 2.1 2.2 2.3 2.4 | | | 5.1 5.A | 6.4 6.6 | 7.3 | 8.3 8.5 | 9.1 | 10.2 10.3 10.4 | | 12.C | SDG13.1 13.2 13.B | 14.4 14.6 14.C | 15.1 15.2 15.3 15.4 15.5 15.9 | 16.B | 17.14 |
| | 步骤3 机构 | | | | 4.4 | | 6.4 6.5 6.A | | 8.1 8.10 | 9.3 | 10.4 | 11.A | 12.A | 13.1 13.2 13.3 | | 15.6 | 16.6 16.7 | 17.17 |
| | 步骤4 融资 | 1.A | 2.A | | | | | | 8.10 | | 10.B | | | 13.A | | 15.A 15.B | | 17.3 |
| | 步骤5 采用 | | | 3.3 | 4.4 | 5.5 5.B | | | 8.6 | 9.3 9.C | 10.2 | | | 13.B | 14.B | | | |
| 冲突 | 步骤1 证据 | | | | | | | | | | | | | | | | | |
| | 步骤2 规划 | | | | | | 6.6 | | | 9.1 | | | | SDG13.2 | | 15.1 15.2 15.4 15.5 | | |
| | 步骤3 机构 | | | | | | | | | | 10.4 | | | | | | | |
| | 步骤4 融资 | 1.A | | | | | | | | | 10.B | | | | | | | |
| | 步骤5 采用 | | | | | | | | | | | | | | | | | |
| CSA-SDGs 相互联系 | | | | | | | | | | | | | | | | | | |

协同　冲突

## 2.3　本章结论

对气候智慧型农业-可持续发展目标相互联系的评估发现，可以通过特定的气候智慧型农业行动来促进所有可持续发展目标的实现，并且应该对潜在的冲突进行管控（见图2和附录2表2.1）。本分析以CSA宗旨及相关的行动类别，以及气候智慧型农业的5个实施步骤为起点，并通过剖析这些目标及实施步骤的相互联系（以每个可持续发展目标作为起点），进行了补充（见附录1）。互联关系的评估和解析显示，气候智慧型农业与之联系最多的是可持续发展目标1（无贫穷）、目标2（零饥饿）、目标6（清洁水和卫生设施）、目标8（体面工作和经济增长）、目标12（负责任消费和生产）、目标13（气候行动）、目标14（水下生物）和目标15（陆地生物）（表8）。鉴于气候智慧型农业对收入和生产

表8　气候智慧型农业与可持续发展目标具体目标之间的协同和冲突对比

| | 可持续发展具体目标所占份额 | |
|---|---|---|
| | 协同 | 冲突 |
| SDG1 无贫穷 | 7/7 | 5/7 |
| SDG2 零饥饿 | 6/8 | 4/8 |
| SDG3 良好健康与福祉 | 5/13 | 0/13 |
| SDG4 优质教育 | 3/10 | 1/10 |
| SDG5 性别平等 | 5/9 | 2/9 |
| SDG6 清洁饮水和卫生设施 | 6/8 | 4/8 |
| SDG7 经济适用的清洁能源 | 3/5 | 1/5 |
| SDG8 体面工作和经济增长 | 7/12 | 0/12 |
| SDG9 工业、创新和基础设施 | 4/8 | 1/8 |
| SDG10 减少不平等 | 5/10 | 5/10 |
| SDG11 可持续城市和社区 | 4/10 | 0/10 |
| SDG12 负责任消费和生产 | 6/11 | 1/11 |
| SDG13 气候行动 | 5/5 | 3/5 |
| SDG14 水下生物 | 8/10 | 1/10 |
| SDG15 陆地生物 | 9/12 | 4/12 |
| SDG16 和平、正义与强大机构 | 3/12 | 0/12 |
| SDG17 促进目标实现的伙伴关系 | 3/19 | 0/19 |
| 总计 | 89/169 | 32/169 |

力、以及自然环境的关注，气候智慧型农业与这些特定的可持续发展目标之间存在协同作用是非常正常的。在气候智慧型农业的5个实施步骤中的第2步：资助扶持性政策框架和规划，与可持续发展目标的协同关系比其他任何步骤都

强。鉴于气候智慧型农业和所有可持续发展目标规划的中心地位，步骤2这种的密切关联可能是符合逻辑的。虽然气候智慧型农业行动类别和实施步骤实际上与所有可持续发展目标都有关，但与目标16（和平、正义与强大机构）和目标17（促进目标实现的伙伴关系）的交点，仅存在于气候智慧型农业实施步骤，尤其是步骤2（扶持政策）、步骤3（能力建设）和步骤4（融资方案）中。至于可能存在的冲突关系，它们远少于气候智慧型农业和可持续发展目标之间的协同，其中与SDGs1、2、6、10（减少不平等）、13和15的潜在冲突关系最多。与气候智慧型农业其他宗旨或实施步骤相比，CSA宗旨3与可持续发展目标的潜在冲突稍多。与SDG13（气候行动）相关的冲突来自于一系列需要确定优先序的事项，包括生产力目标与气候韧性；高能耗适应策略与降低能耗的需求；以及基础设施或经济发展措施与对陆地碳储量的保护。这表明在规划阶段需要认真注意管控这些折衷方案。本评估还强调了粮食生产、气候变化适应以及减缓目标之间平衡的重要性，这是气候智慧型农业方法的核心功能。本书的发现与文献综述（第1.3节）的信息一致，并通过对气候智慧型农业和可持续发展目标之间更深的联系、更细的解析和解释，对这些文献信息进行了补充。

图2　气候智慧型农业宗旨和实施过程与可持续发展目标间相互联系的概述[①]

① 在附录2中以表格形式提供了一个更详细的总结构架：气候智慧型农业-可持续发展目标间相互联系的总结表。

# 第 3 章

# 气候智慧型农业-可持续发展目标融合下的国家自主贡献讨论

国家自主贡献（NDCs）体现了各国根据《巴黎协定》减少国家温室气体排放并适应气候变化的雄心。虽然缓解和适应目标通常在国家自主贡献文件的不同组成部分中都已提出，但在许多国家所承认缓解和适应行动之间存在潜在的共同利益和协同作用，特别是农业部门。现有对国家自主贡献[①]的分析发现，有57个国家根据其潜在的协同作用，选择和优先考虑了农业部门的减缓和适应行动；另有32个国家在其国家自主贡献中明确提及了气候智慧型农业（FAO，2016b）。尽管气候智慧型农业没有在其他国家自主贡献中明确表达，Chandra等（2016）发现，大多数农业部门的减缓和适应重点都与气候智慧型农业的目标相一致。这证实了气候智慧型农业是国家在追求农业领域并实现国家自主贡献的核心，确保在国家粮食安全和农业发展目标方面取得进展的同时，进行气候减缓和适应战略间的平衡，以增强它们之间的协同作用。

根据可持续发展目标13（气候行动），《2030年可持续发展议程》承认《联合国气候变化框架公约》（UNFCCC）在协商全球应对气候变化对策方面的主导作用。因此，在讨论实现可持续发展目标13时，必须将《巴黎协定》（根据《联合国气候变化框架公约》谈判达成的关于气候变化的核心国际协议）和国家自主贡献纳入一起考虑。在其他可持续发展目标的背景下，考虑气候变化也很重要，因为气候变化可能使风险加倍，尤其是对于贫困人口而言，而这还可能不利于对可持续发展目标进行的任何努力（Bouyé et al.，2018）。因此，为了同时实现《2030年可持续发展议程》和国家自主贡献的可持续成果，必须采取综合实施方法。

Crumpler等（2019）发现了一种方法，用于评估国家自主贡献和可持续发展目标中提出的农业相关的减缓与适应行动之间的联系。该评估方法在全球应用后，甄别出来1 700条潜在的"气候行动-可持续发展途径"，在农业部门被分为17大类气候行动。这表明，除了可持续发展目标13外，这些气候行动与可持续发展目标之间所存在的最大协同潜力在可持续发展目标15（陆地生物）、2（零饥饿）、12（负责任消费和生产）和1（无贫穷）中。此外，该评估还发现了除与可持续发展目标17（促进目标实现的伙伴关系）以外的所有可持续发展目标之间的潜在协同关系（图3）。

一个国家自主贡献的"气候行动-可持续发展途径"，可以为气候智慧型农业实施提供信息支持。这些途径在可持续发展目标及其具体目标之间的分布，也可以支持识别国家自主贡献气候行动对可持续发展目标的贡献方面的差距，从而为有针对性地增强额外潜在的国家自主贡献-可持续发展目标协同效应提供了一个切入点。根据本书第2章中的评估，气候智慧型农业方法可用于

---

① 该分析主要是针对国家自主贡献预案（INDCs）进行的。这些是国家自主贡献的前身，在国家批准《巴黎协定》之后，INDCs被转换为国家自主贡献。

增强农业部门国家自主贡献-可持续发展目标的协同关系。因此，第4章将在各部门协同努力实现国家级可持续发展目标及国家自主贡献目标背景下，进行气候智慧型农业实施讨论。

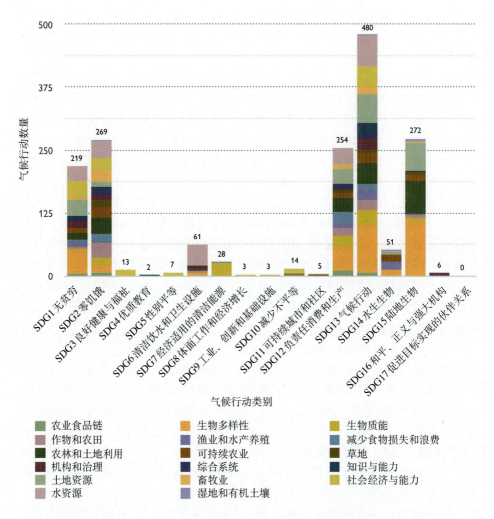

图3　参照可持续发展目标的农业领域气候行动-可持续发展的路径布局（Crumpler et al., 2019）

# 第 4 章
# 气候智慧型农业综合实施指南

如本书的引言所述，气候智慧型农业为各国实现若干可持续发展目标及国家自主贡献目标提供了机会。为了充分利用这些机会，应该将气候智慧型农业这种方法与一个国家为实现可持续发展目标及国家自主贡献目标而开展的综合努力进行整合，以使这种努力的潜力能够最大化，并促进气候智慧型农业的高效实施。在国家层面的努力下，实施气候智慧型农业是第4章讨论的重点。因此，本章所讨论的实施指南是在一个国家为实现可持续发展目标和国家自主贡献目标，各部门相互协调、共同努力下设计的。FAO（2017a）全面概述了气候智慧型农业的主要实施步骤（证据库扩展；资助扶持性政策框架或规划；加强国家和地方机构建设；改善融资方案；强化实地实施措施）。在此，我们以FAO对这些实施步骤的描述为基础，并增加了另一侧重点：监测、评估和报告。本书旨在突出子步骤，因为它们对于气候智慧型农业的实施方法至关重要，可以使气候智慧型农业实施和实践地的具体情况相关联，并融入一个国家为实现可持续发展目标及国家自主贡献目标所做的综合努力中去。第4章的每个部分都简要说明了地方的支持如何促进气候智慧型农业实施，以及国家层面上可持续发展目标和国家自主贡献取得的成就①。如本书的"方法"部分所述，本指南是根据文献资料、国别案例研究的信息和专家判断来制定的。

在第4章我们提到了各国为实现可持续发展目标及国家自主贡献目标所做的综合努力，尽管这些目标只与单独的多边协议（分别是《2030年可持续发展议程》和《巴黎协定》）相关。日益增多的国家和国际层面共识认为，应在国家层面以综合方式来推进《2030年可持续发展议程》和《巴黎协定》，以便从这两个进程之间的协同关系中受益。这些益处包括降低交易成本，以及避免由于对各个协议单独进行规划、实施和报告而导致的重复工作（Bouyé et al.，2018）。

## 4.1 证据库扩展

气候智慧型农业实施过程的这一步骤包括气候变化影响评估和农业、粮食体系温室气体排放的贡献，以及影响农业生产系统的其他非气候因素。此实施阶段还包括在更广泛的可持续发展背景下，对气候智慧型方案的识别和评估（兼顾共同利益和冲突），以及对实施所需的制度和资金需求评估。在为气候智慧型农业建设资料库的某些方面，将气候智慧型农业纳入一个国家实现可持续发展目标及国家自主贡献目标的工作来说也至关重要。

---

① 应当指出的是，一个国家的权力下放程度将影响国家与地方在气候智慧型农业、可持续发展目标和国家自主贡献工作上的合作。

### 4.1.1 查明气候与非气候因素变化的影响以及农业在温室 气体排放与减排中的贡献

在可持续发展目标和国家自主贡献的背景下，构建气候智慧型农业证据库的一个重要步骤是确定气候变化对农业和与气候智慧型农业有关的其他部门的当前和未来预期影响[①]。对这些影响的评估还有助于证明农业部门应对气候变化的重要性，从而将气候智慧型农业纳入国家为实现可持续发展目标及国家自主贡献目标的工作中去。在气候影响方面，基于全球和区域的评价，例如政府间气候变化专门委员会所实施的评价，适用于所有地区。世界银行的气候变化知识门户网站也提供国家、地区数据库，它们侧重于气候条件的历史和预期变化，其重点是农业、水资源和基础设施等关键部门（世界银行，2019b）。对于有能力制定更精准和更具体的农业部门脆弱性评估的国家而言，诸如FAO的气候变化对农业影响的建模系统（MOSAICC），这类工具可帮助这些国家评估不断变化的气候条件下作物生产系统、水和森林资源以及国民经济（FAO，2015a）。

构建气候智慧型农业证据库的另一个要点是深入了解农业的碳排放贡献，以查明如何以最佳方式确定减排政策和干预措施。那些已经将农业排放纳入其国家自主贡献（或其实施SDG 13的计划）之内的国家，可能已经进行了此类分析。如果没有，气候智慧型农业规划可以促进SDG 13和国家自主贡献规划过程中，农业领域气候变化减缓措施的研发，包括增强与其他可持续发展目标的协同效应。各国政府可以使用诸如FAO的农业、林业和其他土地利用（AFOLU）的排放分析工具。该工具概述了国家层面AFOLU部门的排放和趋势，同时也可以在相应的区域、国家和全球进行排放的实景化分析。该工具允许用户对UNFCCC报告的国家温室气体在AFOLU部门下的数据与FAOSTAT排放数据库中的数据进行比较。这有助于提高各国在国家温室气体清单中报告AFOLU排放部门的报告能力（FAO，2019c），而这是对《巴黎协定》缔约方的一项重要要求。

鉴于气候智慧型农业致力于提高生产力和经济收入，在气候智慧型农业证据库扩展时，也应考虑影响农业生产系统和生产者的非气候驱动因素。这些驱动因素包括宏观经济和微观经济发展趋势，城乡人口密度的变化，以及农业技术的变化（FAO，2017d）。一个国家的农业或经济发展规划中可能已经考虑了这种驱动因素，并且这些发展趋势可能也是一个国家关于可持续发展目标及国家自主贡献目标相关规划工作的一部分。若尚无这些分析，那么气候智慧型

---

[①] 根据一个国家的可持续发展目标/国家自主贡献优先序，需要评估的关键领域可能包括基础设施、水资源、土地资源和海洋，它们分别与SDGs 11、6、15和14有关。

农业规划可以将这些分析作为对国家实现可持续发展目标及国家自主贡献目标的综合贡献。

## 4.1.2 鉴别和评估潜在的气候智慧型方案

FAO建议鉴别和评估潜在的气候智慧型方案，以作为气候智慧型农业证据库扩展的一个组成部分（FAO，2017a）。应当指出，下文描述的许多用于鉴别和评估潜在气候智慧型农业方案的子步骤，也与气候智慧型农业实施方法中的其他关键过程（例如规划、机构建设和融资）有关。因此，虽然下面列出的子步骤被描述为证据库扩展阶段的一部分，但是一个国家可以就气候智慧型农业流程的另一步骤来开展这些工作流程。

气候智慧型方案的鉴别与评估子步骤包括：

**（1）筛查现有的国家项目、政策和策略，以寻找对气候智慧型农业有潜在贡献的选项**

FAO（2017a）指出，为了鉴别和评估有助于建立更广泛的国家气候智慧型农业战略的潜在的气候智慧型农业干预措施，应该对现有的计划、战略和政策进行筛查，以创建一个可以推进气候智慧型农业实施的政策优选清单，前提假设是这些计划、政策和策略能与气候智慧型农业宗旨保持一致。该筛查工作应包括对国家自主贡献目标、国家发展计划、国家农业投资计划、国家级合适的减缓行动和国家适应计划的审查。由于这些计划也可能包含（在某些情况下确实如此）实现可持续发展目标和国家自主贡献目标的国家蓝图[①]，根据这些来确定潜在的气候智慧型农业策略和干预措施，有助于将气候智慧型农业具体地整合到可持续发展目标和国家自主贡献相关的国家层面的努力中去。

**（2）鉴别气候智慧型农业行动各宗旨之间的协同和冲突关系**

如第2章所述，一些行动（例如实施农林复合）可以在气候智慧型农业三大宗旨之间产生协同效应。在其他情况下，则会产生冲突影响。例如，着重于实施畜牧业冷却系统以适应温度升高的行动，可能导致额外的温室气体排放。虽然在气候智慧型农业证据库扩展时，鉴别这些宗旨之间的协同和冲突关系非常重要，这一过程还可以用于鉴别具体的气候智慧型农业行动与可持续发展目标之间的潜在协同和冲突关系。这可以使协同效应得到增强，并以战略性和针对性的方式避免、减少、补偿整个计划过程中的冲突效应。第2章中介绍的解析方法可以作为一个国家特定流程的起点，在这个特定流程中定制的可持续发

---

[①] 例如，在埃塞俄比亚，目前的国家发展计划，即第二个增长与转型计划（GTP Ⅱ），是可持续发展目标的基础。GTP Ⅱ中嵌入的该国气候适应型绿色经济战略是该国家自主贡献的基础。在孟加拉国，五年计划作为该国的总体经济增长和发展计划流程，是实现可持续发展目标的基础；而孟加拉国气候变化战略与适应计划是其国家自主贡献的基础（GoB，2017c）。以下各节将进一步描述这些实例：支持扶持性政策框架、规划和国家案例研究。

展目标或国家自主贡献目标被链接到CSA宗旨及其子活动领域（"CSA行动类别"）。这样，气候智慧型农业规划人员可以知道以CSA宗旨1的行动类别"多元化生产系统"（见第2.1.1.2节）为重点的活动，往往会与特定的可持续发展目标具体目标或国家自主贡献优选项产生协同和冲突效应。在给定的背景下，确定特定的折衷方案并确定优先级之后，诸如水-能源-食品关联分析之类的集成方法和工具可能非常重要（见第2.1.2.2节插文5）。依据一个国家如何优先考虑可持续发展目标的实施方式，或者依据其国家自主贡献内容，可以对特定核心行动进行优先处理，不仅可以发挥协同作用，也可以对其进行调整以避免冲突。气候智慧型农业规划者可以利用专门针对特定可持续发展目标所生成的数据和评估，以对气候智慧型农业行动及特定的可持续发展目标之间的协同和冲突关系进行分析。

**（3）确定有关基线活动的潜在协同和冲突关系**

所谓基线活动是指与气候智慧型农业活动相对应的常态活动（译者注）。基线活动的协同与冲突关系的分析主要有两个目的：

①强调气候智慧型农业行动如何产生以基线活动为对照的气候和可持续性收益，这些基线可以从非气候智慧型农业干预措施到无行动方案的情景中获取。例如，基线农业干预措施可能集中致力于增加食品生产者的市场参与。尽管在许多情况下这是一种有用的方法，但是将气候智慧型农业方法与实现可持续发展目标和国家自主贡献目标的工作相结合，也将需要考虑潜在的相关冲突。这些冲突可能包括致使最贫穷的生产者进一步边缘化，他们无法为市场生产（影响与"SDG 10减少不平等"的有关结果），或粮食安全下降（与SDG 2相关的冲突），因为粮食转向到了市场而不是本地消费。该分析还有助于强调与气候智慧型农业行动相关的、相对于基线活动的权衡，从而能在事前对其加以解决。根据上面的示例，理想的气候智慧型农业干预也许包括两个或更多计划，这些计划侧重于某些生产者的市场准入、其他生产者的市场准备程度以及最贫困生产者的产量增加。基线的斟酌还在监测和评估系统的设计过程中起着重要的作用，使我们可以预估特定的干预方案的实施效果（FAO，2019b）。

②这种分析突出了气候智慧型农业行动与那些同气候智慧型农业、可持续发展目标或国家自主贡献无关的行动相比，如何更好地形成收益或权衡。例如，与SDG2.3的非气候智慧型农业的可持续发展目标行动（小规模粮食生产者的农业生产力和收入翻番）可能侧重于良种的引用，但没有考虑预测的气候变化。另外，由于同时考虑了生产力和气候风险，气候智慧型农业行动可能会在实现此目标方面取得更大的成功。

在评估气候智慧型农业行动与基线行动之间的协同和冲突关系时，需要考虑的另一个方面是干预措施能够被实施的水平与最大需求水平的权衡。例如，实地行动可与 SDG 2.4（农业实践），景观水平可与 SGD 15（生态系统和生物多样性管理），粮食体系相关的行动可与 SDG 12（可持续的生产和消费），以及机构水平可与可持续发展目标各个实施方法形成联系。一个国家也许有强大的能力执行实地行动，但最主要的需求可能是粮食体系水平与结构变化。在这种情况下，可以将着重于实地的干预措施放在较低的优先级，而将粮食体系层面的其他干预措施提到更高位置。

(4) 分析采纳气候智慧型农业的驱动因素和障碍

在评估气候智慧型农业方案的步骤中，气候智慧型农业规划人员可以鉴别在田间、家庭层面采纳各种气候智慧型农业措施的障碍。此过程可能类似于可持续发展目标和国家自主贡献规划者所经历的，用以确保男女都能成功地应用相关干预措施。对于其间可能会发现的气候智慧型农业障碍，如果通过有效的规划加以减缓，也将有助于推进某些可持续发展目标。气候智慧型农业实施（以及其他农业发展干预措施）所面临的障碍包括不安全的土地使用权；难以获得金融服务，包括信贷和保险服务；缺乏安全网络；以及缺乏进入合适市场的机会。如第2章解析实践中所述，若能克服这些障碍，从而确保成功采用气候智慧型农业干预措施，也可同时推进多个可持续发展目标。此外，若能在国家层面努力实现可持续发展目标及国家自主贡献目标的背景下，对气候智慧型农业的驱动因素和障碍进行斟酌，可能会揭示出其他的驱动因素或障碍；而如果仅将分析重点放在气候智慧型农业上，这些额外的因素就无法得到研究。在这种情况下，综合分析方法可能会对气候智慧型农业的采纳产生积极的反馈效果。

## 4.1.3 确定优先行动实施的机构和融资需求

证据库扩展阶段的一部分内容涉及气候智慧型农业优先行动的体制和融资需求鉴别。这两个主题将在下文陈述的后续气候智慧型农业实施步骤中继续补充。为将气候智慧型农业与实现可持续发展目标和国家自主贡献目标的工作结合起来，相关的机构需求可能包括（额外的）跨部委协调，以及对地方实施的协调和支持。一个必须牢记的重要问题是，要将气候智慧型农业与实现可持续发展目标和国家自主贡献目标的工作相结合，这可能意味着农业部（或同等机构）以外的其他实体，例如计划、财政或环境部，要拥有比日常更高的权力来开展气候智慧型农业的规划和实施（FAO，2019b）。

**气候智慧型农业干预方案的成本核算，例如成本-效益分析**

为了确定气候智慧型农业的融资需求，需要对各种备选方案进行成本核算，例如在家庭和国家层面进行成本-效益分析。FAO的《气候智慧型农业资料手册》详细介绍了气候智慧型农业的成本-效益分析。鉴于我们着重将气候智慧型农业纳入一个国家实现可持续发展目标及其国家自主贡献目标的工作中，建议在成本-效益分析中明确考虑与推进这些议程相关的成本和收益。例如，有助于实现一个优先的可持续发展目标的一种气候智慧型农业干扰能力应被视为一种收益。鉴于实现可持续发展目标和国家自主贡献目标是属于一项全球性的公开任务，与气候智慧型农业相关的任何利益都可以视为在全球政治舞台上的国家利益。此外，如果气候智慧型农业干预与实现可持续发展目标和国家自主贡献目标的工作相结合，产生了额外的成本，例如额外的监测和评估（M＆E）或报告负担，那么也应将这些支出考虑在内。

### 4.1.4 地方层面的证据库扩展

为了在国家层面上进行气候智慧型农业证据库的扩展，必须让地方及其下级机构参与进来，以创建地理空间明确的基线，并作为气候智慧型农业规划的起点。有许多工具可以促使地方部门一起在国家层面进行设计，然后在地方层面进行实施，以收集可以为国家气候智慧型农业政策提供信息的相关证据。这些工具包括快速的农村评估、参与性农村评估（FAO，1999）、地方调查和家庭调查（FAO，2019d）。在设计这些数据收集工具来实现可持续发展目标和国家自主贡献目标的整体工作中，气候智慧型农业支持者应尽可能与可持续发展目标和国家自主贡献努力有关的地方调查流程保持一致。在许多国家，地方机构每年都会收集有关可持续发展目标进度的数据，气候智慧型农业倡导者可以主张将与可持续发展目标相关的气候智慧型农业指标纳入此类调查。

## 4.2 资助扶持性政策框架和计划

气候智慧型农业实施流程步骤包括制定一致的、国家所有的气候智慧型农业战略。它包括对气候智慧型农业选项进行优先级设置，以及修订或制定政策和部门计划，为实施优选的气候智慧型农业方案创造有利条件；构建有关行动者的政策协调机制；以及在规划过程中考虑性别和社会经济的差异。FAO的《气候智慧型农业资料手册》详细介绍了气候智慧型农业实施流程步骤。在这里，我们重点介绍设计此步骤的几个关键要素，以最大程度地协调气候智慧型农业的实施与国家层面为实现可持续发展目标及国家自主贡献目标所做的综合努力。

### 4.2.1 制定一致的、国家所有的气候智慧型农业战略框架

粮农组织指出，大多数国家已经制定了解决气候智慧型农业某些目标的

多种计划、政策和战略,将气候智慧型农业纳入这些文件似乎就足够了。但是,出于在不同时间和地理范围上实现多个目标的需求,"需要一个统一的气候智慧型农业战略框架来确定已经存在的计划、政策和战略之间的协同和冲突关系"(FAO,2017a)。此外,国家战略框架的制定可以事先清楚地考虑该国的可持续发展目标和国家自主贡献优先序,并将气候智慧型农业纳入实现可持续发展目标和国家自主贡献目标的综合努力中。研制与综合努力相一致的气候智慧型农业战略框架应该涉及以下内容:

(1)气候智慧型农业对国家发展目标的贡献

将气候智慧型农业置于一个国家发展目标的更广泛框架内至关重要。在许多国家,国家发展目标都将被纳入或被考虑到该国的可持续发展目标和国家自主贡献优先事项中,或与其保持一致。例如,在埃塞俄比亚,该国的国家发展计划,即《第二个增长与转型计划(2015—2020)(GTP II)》,与可持续发展目标和《巴黎协定》目标保持一致(T.Bemnet,2019)。在厄瓜多尔,国家计划和发展秘书处正在制定一项规划,推出由可持续发展目标直接引出的部门和地方目标(包括与气候有关的目标)(S.Avalos,2019)。即使该国的发展目标与可持续发展目标和国家自主贡献的综合努力之间没有明确契合,气候智慧型农业规划者也应阐明气候智慧型农业如何为实现国家发展目标做贡献。

(2)确定干预方案的优先序

气候智慧型农业方法要求考虑各种可能行动的优先序,以便为气候智慧型农业的投资提供依据。要尽可能客观地考虑每个气候智慧型农业选项,这一过程应包括制定优先级标准列表,并以此为依据对每个选项进行权衡。用于依据此标准列表来评估每项操作的数据,可以从"证据库扩展"步骤下开展的评估中提取。这些评估包括第4.1.2节描述的协同和冲突关系分析、影响气候智慧型农业实施的驱动力和障碍因素分析,以及第4.1.3节描述的气候智慧型农业选项的成本-效益分析等。鉴于将气候智慧型农业纳入联合实现可持续发展目标和国家自主贡献目标相关工作中的重要性,优先序标准应围绕该行动为实现这些可持续发展目标和国家自主贡献目标所能做出贡献的相对能力而定。这些标准可以基于可持续发展目标指标,例如"能通过改善营养状况或减少农业劳动力需求,使儿童能够开始或继续上学的行动能力"(基于可持续发展目标指标4.1.1、4.2.1、4.2.2)。它们也可以基于一个国家的国家自主贡献,例如"通过改善肥料管理来减少农业排放的行动能力"(GoB,2017a)。

(3)制定支持气候智慧型农业的政策、计划和投资,并将其纳入一个国家实现可持续发展目标及其国家自主贡献目标的综合努力中

FAO在《气候智慧型农业资料手册》关于气候智慧型农业国家政策一致性的模块中指出,除了制定独立的气候智慧型农业策略外,气候智慧型农业应

该在政策和国家计划中实现主流化，例如国家农业或农村发展计划。此过程需要调整现有计划和政策，以发挥协同作用，并最大程度地减少与气候智慧型农业主流化相关的冲突；在某些情况下，还必须创建新的政策[①]。除了调整或制定与农业有关的政策外，与可持续发展目标和国家自主贡献有关的计划和政策也可能需要调整，从而使气候智慧型农业能完整地融入实现可持续发展目标和国家自主贡献目标的工作中。目前可持续发展目标计划可能已经到位（见附录3：国家案例研究），而且这些计划也可能很难调整。但随着构成可持续发展目标实施基础的国家计划到期并被更新，气候智慧型农业规划者应提倡将气候智慧型农业纳入到这些计划中，为可持续发展目标的实施提供信息和方法。至于国家自主贡献计划，因为各国尚未开始实施第一期国家自主贡献，因此，若想将气候智慧型农业明确纳入国家自主贡献执行计划，可能存在明显的调整机会。此外，许多国家将很快开始规划第二期国家自主贡献，在这种情况下，气候智慧型农业倡导者应参与国家讨论，以对第二期国家自主贡献的开展形成影响。

### 4.2.2　协调政策制定流程和责任机构的关系

除了制定国家所有的气候智慧型农业框架之外，实施气候智慧型农业，以及将气候智慧型农业纳入实现可持续发展目标和国家自主贡献目标工作的另一个关键步骤是确保决策过程的协调一致。FAO强调，缺乏机构间的合作与协调，以及独立的政策制定方法，可能在实现多个目标甚至单个目标的活动中产生相互冲突（FAO，2017a；FAO，2019b）。在大多数国家，气候智慧型农业的政策协调过程应至少包括关注气候变化、环境、农业、粮食安全、农村发展、水和能源及土地使用的责任机构。在将气候智慧型农业纳入与实现可持续发展目标和国家自主贡献目标相关的工作时，协调工作还应包括计划和财政部，以及任何其他与可持续发展目标和国家自主贡献有关的关键机构。

支持将气候智慧型农业纳入与可持续发展目标和国家自主贡献相关的计划和政策的一种方法，是制定简单的工作指南，使农业规划者可以使用它们来完善现有计划和政策，或者创建适当的新计划和政策。例如，埃塞俄比亚为农业和自然资源部以及畜牧和渔业部制定了指导方针，使绿色经济（CRGE）战略原则，即该国关于气候和可持续发展的蓝图，得以在农业部门的项目、计划和政策中得以主流化（T. Bemnet，2019）。

这些工作指南可能涉及一个简化的工作流程清单，例如：

①审阅现有的政策和计划，并鉴别其对气候智慧型农业实施的全部障碍。

---

① 该子步骤的基础是上一节（识别和评估潜在的气候智慧型选项）中所述的对现有国家计划、政策和策略的筛选。

例如，农业部门的计划可能只关注短期结果，而这可能会阻碍气候智慧型农业的发展，因为许多气候智慧型农业选项都需要时间积累才能受益。

②制定气候智慧型农业行动手册，在指定的国家或地区，为实现政策或计划中包含的可持续发展目标和国家自主贡献目标做出进一步努力。例如，如果减少牲畜部门的排放是国家自主贡献和可持续发展目标的主要优先事宜，则规划者可以将手册集中于推进该优先项的关键行动。第2章中介绍的气候智慧型农业-可持续发展目标相互联系解析，或"干预方案的优先序"（见第4.2.1节）中描述的可持续发展目标和国家自主贡献优先级标准，可能有助于一个国家建立具体手册，尽管它们没有针对任何一个国家和地区。

③确定产出指标清单，可以让规划制定者或项目开发者同时用于衡量气候智慧型农业进度以及与实现可持续发展目标和国家自主贡献目标相关的工作（FAO，2019b）。例如，如果该国可持续发展目标的优先行动之一是通过减少污染来改善水质，则所选择的气候智慧型农业指标可以与通过改善精确施肥来减少化学物质流失到水体中。

此外，为规划者提供相关部门的专家联系方式或气候智慧型农业的背景文件，将有助于规划者了解将计划纳入主流的过程。例如，在埃塞俄比亚，负责监督可持续发展目标和国家自主贡献实施过程的国家计划委员会（NPC），授权环境、森林和气候变化部创建了与可持续发展目标和国家自主贡献相关的行动清单，使各部门可以依照该清单来制订计划。国家计划委员会随后审查了这些计划，以确保其与可持续发展目标和国家自主贡献议程保持一致（Bouyé et al.，2018）。

综合的部门规划是将气候智慧型农业纳入一个国家实现可持续发展目标及国家自主贡献目标工作中的重要方面，同时还包括许多其他层面的机构协调。第4.3节中描述了机构协调中的一些流程。

### 4.2.3　重视社会经济和性别差异带来的障碍和激励机制

在发展中国家平均有43%的农业劳动力由妇女组成（FAO，2016d）。此外，在农村发展中，全球30亿人口中超过60%的人赖以生存的土地面积不到2公顷，其中许多人贫穷、粮食不安全，且无法进入市场和获得相关服务（FAO，2015b）。FAO指出，要成功实施气候智慧型农业，必须在规划过程中考虑性别和社会经济的差异（FAO，2017a）。当将气候智慧型农业的实施整合到一个国家为实现可持续发展目标及国家自主贡献目标所做的努力中时，考虑这一点尤其重要。在气候智慧型农业中关注妇女有助于推进SDG 5（性别平等），特别是具体目标5.1和5.A；在解决有关消除贫困的SDG 1.1、1.2和1.4，以及旨在减少不平等的SDG 10.1、10.2和10.3时，重点必须放在最贫穷和最脆弱的人群上①。此外，由于很大一部分国家已经将性别平等议题纳入其国家自主贡献中（UNDP，2016）②，因此，能响应性别问题的气候智慧型农业方法也将有助于各国推进其国家自主贡献的实施。

FAO（2017a）强调了以下原则，以确保气候智慧型农业的规划和实施能对性别问题做出响应，并支持最贫穷和最脆弱的人群。这既可以支持有效的气候智慧型农业方法，又可以推进相关的可持续发展目标实现：

①使妇女以及贫困和边缘化的食物生产者能够平等地获得实施气候智慧型农业所需的生产资源和信息，包括土地、推广服务、信息通信技术、种子库等。

②消除融资障碍，使妇女和在经济上处于边缘地位的食物生产者能够投资气候智慧型农业。消除这些障碍通常与获得贷款、储蓄机会和保险有关。

③通过市场准入支持和增值产品生产培训等方式，增加生产食物的女性参与和发展可持续价值链的机会。

④确保小型食物生产者和妇女参与规划、政策和预算过程，尤其是参与地方规划过程。

⑤通过社会援助系统，例如帮助贫穷和弱势群体满足基本需求的社会援助项目等，促进气候智慧型农业，同时提供有关气候智慧型农业的培训。

此外，需要着重了解不同性别在采用适应性实践方面所面临的各种障碍，并设计出考虑到这些障碍的具体干预措施。

## 4.2.4　地方层面的扶持性政策和规划资助

各国政府可以采取各种良好措施，以确保通过地方层面的计划和政策促进气候智慧型农业的发展，并确保地方层面的气候智慧型农业实施能支持国家为实现可持续发展目标和国家自主贡献目标而进行的综合工作，包括以下良好措施：

①支持地方政府将气候智慧型农业纳入当地农业和气候计划。例如，厄瓜多尔通过其"气候智慧型畜牧业"试点项目，制定了《土地使用和发展计划指南》，其中包括在地方各级进行气候变化计划的工具。此外，厄瓜多尔成立了一个工作队，以支持地方政府对这些指南的使用。

②确保国家级计划框架中明确包括以连续方式推进地方计划的工作。

---

① 附录1：气候智慧型农业行动类别和实施步骤与可持续发展目标具体目标间相互联系的解析中介绍了上述具体目标。

② 联合国开发计划署（UNDP）在2016年对国家自主贡献预案（INDCs）中的性别情况进行了分析，当时许多国家还未将其INDCs正式过渡为国家自主贡献。分析发现，有65个国家对性别平等或妇女议题至少提了一次（UNDP，2016）。

③将地方政府纳入国家的规划过程。例如，在厄瓜多尔，气候变化机构间委员会是国家政府机构，负责联络有关气候变化的所有相关部委和参与者。该机构为地方政府保留两个席位，一个由省级政府联盟持有，另一个是市级政府代表。之所以在计划和决策机构中纳入地方代表，是为了保证国家层面做出的决定在地方层面的可行性，并确保其在地方的执行。

© 粮农组织/Giulio Napolitano

## 4.3 加强国家和地方机构的能力建设

实施气候智慧型农业方法的第三个关键步骤是合理的机构安排和能力建设。FAO在《气候智慧型农业资料手册》中指出，这一步骤涉及一些协同授权，以及部门、利益相关者、组织和机构内部和之间的横向和纵向协调的强化。下文将讲述的机构能力及其组成部分是推进气候智慧型农业方法的基础，在将气候智慧型农业与一个国家为实现可持续发展目标及国家自主贡献目标的工作相结合的背景下，应与上述整合进行。同时，根据以下子步骤进行机构能力建设，还可与支持实现可持续发展目标和国家自主贡献的环保目标互利共赢，更广泛地说，可以同时增强机构能力以实现可持续发展目标和国家自主贡献目标。

### 4.3.1 确定相关机构

根据具体情况，气候智慧型农业机构可包括农业部、环境部、农村咨询组织、金融机构、土地产权与习俗法则机构、社区组织、保险计划以及信息和推广服务机构等（FAO，2017a）。与任何全面、多角度的农业发展方法一样，要确保成功实施，需要十分广泛的参与机构。在同国家实现可持续发展目标和国家自主贡献目标工作相结合的背景下实施气候智慧型农业，相关机构的数量可能会大大增加，因此气候智慧型农业倡导者应该直接与以可持续发展目标和国家自主贡献目标为重点的领导部门共同工作，以了解项目的各方参与者。这些部门可能包括卫生和教育部、城市发展机构以及私营部门。

### 4.3.2 解决机构设置的空白

在制定一种气候智慧型农业方法时，农业部可能会发现其结构内与气候智慧型农业的一个或多个关键方面有关的制度存在空白。例如，气候智慧型农业的一项关键因素可能是与该国水文气象服务部门存在工作关系；在与可持续发展目标和国家自主贡献目标相关工作进行整合时，与该关键因素相关的空缺可能在于农业部和负责实现可持续发展目标和国家自主贡献目标的主管部门之间缺乏了解或对话，或在总体上缺乏对相关计划和实施过程的参与。为了有效实现可持续发展目标和国家自主贡献目标（见第4.3.5节），必须提高气候智慧型农业人员在实现上述目标中的参与度。

### 4.3.3 加强与气候智慧型农业、可持续发展目标、国家自主贡献工作相关机构的能力建设

各种议程的整合要求机构内部对每个议程都具有较高水平的了解，而这些机构通常只会独立地关注其部门重点工作。例如，农业部可能缺乏与气候变化有关的工作能力，比如温室气体核算和气候风险评估。其他相关部门可能缺乏同时考虑和权衡多个目标的能力。为此，我们可以通过引入要考虑的所有优先事项的清单来弥补这一不足。FAO《气候智慧型农业资料手册》全面概述了气候智慧型农业推广中机构能力的评价和建设方法。以下的主要重点领域也适用于将气候智慧型农业纳入与实现可持续发展目标和国家自主贡献目标相关的

工作中，它们是：

①实施能力。从计划制定到监测和评估的整个流程提供方案和项目的能力，比如对三个气候智慧型农业宗旨以及可持续发展目标的监测能力。

②合作能力。参与网络、联盟和伙伴关系的能力，例如，农业部是否在国家一级很好地融入了可持续发展目标的领导机构？

③知识管理能力。访问、生成、管理及交换信息和知识的能力，例如，假设环境部领导的国家自主贡献实施中，其是否可以随时将UNFCCC流程中的信息传递给管理实施的各部委？

④政策制定和规范能力。制定和执行政策并领导政策改革的能力，例如，相关机构是否有能力全面考虑各种议程的整合？

### 4.3.4　确保一致的领导

关于在国家一级整合《2030年议程》和《巴黎协定》议程，Bouyé等（2018）认为跨机构的统一领导是成功实施的关键。作者强调了在可持续发展目标和国家自主贡献监督机构之间实施共同领导，以及这些牵头机构共同参与这两个实施过程的重要性。为此，一个特定国家的部委和个人应在可持续发展目标和国家自主贡献领导机构中争取一个常任理事席位，气候智慧型农业支持者应确保可持续发展目标和国家自主贡献协调机构的领导人直接参与气候智慧型农业的重要决策。此外，应注意培养拥护气候智慧型农业的政治意愿，以确保在国家自主贡献目标重新谈判或考虑可持续发展目标优先事宜时，气候智慧型农业能被纳入讨论（FAO，2016e）。

### 4.3.5　建立一个连贯的整体政府

除了需要在领导层拥有拥护者，以在与可持续发展目标和国家自主贡献有关的讨论中一贯推动气候智慧型农业议程外，气候智慧型农业还需要一个整体政府的方法，使所有可以从气候智慧型农业中受益的政府部门都意识到那些好处。不应认为气候智慧型农业只属于农业和环境部门的职权范围，应该让政府各部门参与者都意识到气候智慧型农业的益处，这将有助于确保将气候智慧型农业作为实现可持续发展目标和国家自主贡献目标下国家各种优先事项的可行选择。这还将有助于在气候智慧型农业支持者和政府内部更强大的政府部门，例如在计划和财政部门以及总理办公室之间建立联系。跨部门对话是构建整体政府方法的一种工具，它可以采用临时形式，例如设置特别研讨会；也可以采用常设机构，例如常设委员会。对话的其他选择也包括多方利益相关者平台，这种平台可以提供监督（FAO，2019b），并使可持续发展目标和国家自主贡献实施部委参与气候智慧型农业相关的主题，从而有助于强调气候智慧型农业如何推动其他部委的使命。此类工具还增强了职能部委在其自身事务之外思考和采取行动的能力，并能够阐明气候智慧型农业如何支持国家的其他优先事宜。

厄瓜多尔正在将部门理事会作为其建立整体政府方法的一部分。这些理事会由负责执行与实现可持续发展目标和国家自主贡献目标相关工作的部长小组组成，他们每月开会，汇报各部委在实现可持续发展目标方面的进展。部门委员会由国家计划和发展秘书处协调，但由总统办公室主持。其中，农业部代表隶属于以生产为重点的部门委员会。

### 4.3.6　允许非政府行动者参与实施

非政府行动者至关重要，原因有二。第一，它们通常是向本地、可能采用气候智慧型农业的使用者传递信息的关键，这包括作为农村咨询服务系统的一部分，以及将实施过程中遇到的障碍和机会反馈给决策层。例如，私营部门的合作可能对于加强农民的创业技能和提供某些服务是有价值的。鉴于私营部门在此类计划方面的经验，孟加拉国政府已使私营部门参与了气候智慧型农业活动的保险计划，以解决有关的性别平等问题（World Bank，FAO和IFAD，2015）。第二，正如Bouyé等（2018）在《2030年议程》和《巴黎协定》的综合实施指南中所述，许多国家已经建立了使非政府行动者参与实施的机制，包括行动平台、政策咨询小组、顾问小组等。这些利益相关者可以参与非国家行动，从而能更无缝地进入与上述可持续发展目标和国家自主贡献相关实施机制，进一步促进气候智慧型农业与实现可持续发展目标和国家自主贡献目标之间的联系。在孟加拉国，总理办公室下的非政府组织（NGO）主席团负责领导实现特定的可持续发展目标和国家自主贡献目标。该主席团同在孟加拉国就该主题开展工作的一系列非政府组织进行接触，并在某些情况下为其提供资金（M.Saifullah，2019）。

### 4.3.7　地方层面的机构安排和能力建设

鉴于许多气候智慧型农业、可持续发展目标和国家自主贡献干预都涉及地方层面的实施，地方政府机构的参与至关重要。为了使地方政府能够有效地参与气候智慧型农业的干预措施，比如从计划到监测和评估，各国政府可能需要支持地方的机构安排和能力建设。地方和区域政府全球工作组强调，可持续发展目标定义的有利环境需要"地方和区域政府对可持续发展目标的能力建设，即使在能力有限的情况下，也能最大限度地发挥其贡献"（GTLRG，2016）。许多国家已经建立了地方机构发展方面的支持机制，这些机制也可以在气候智慧型农业中使用。这些机制可能包括提供培训和将国家工作人员纳入地方各级机构实体，提供关于应有的机构安排的指导，以及提供资金来支持机构安排和能力建立。

Bouyé等（2018）强调的一种特别有价值的方法，是利用地方政府机构（例如州长理事会和市政网络）来支持地方当局的相关能力建设。作者指出，与在国家一级层面执行《2030年议程》和《巴黎协定》的工作相结合，印度尼西亚、肯尼亚和墨西哥已采用这种方法来支持地方当局的实施工作。例如，在肯尼亚，理事会监督了县级（肯尼亚的主要地方管辖范围）在气候和可持续发展目标实施领导，以及能力建设方面的任命。这种方法对于建设地方政府实施气候智慧型农业的能力也将是有效的，如关于计划制定的第4.2节所述，厄瓜多尔已建立了一个地方级别的工作队，以支持地方当局使用"气候智慧型畜牧"项目所制定的《土地使用和发展计划指南》。

## 4.4　改善融资方案

FAO在《气候智慧型农业资料手册》中强调"能够改善来自社会与民营部门的气候财政和农业投资间关系的创新性融资机制，对于实施气候智慧型农业至关重要"（FAO，2017a）。当然，获得充足且可持续的资金资助是推进气候智慧型农业以及实现可持续发展目标和国家自主贡献目标的关键。

一些国家为实现预算和融资的连贯性而采取方法包括为所有国家层面的发展优先选项制定统一的融资战略。因此，为特定的可持续发展目标（以及相应的国家自主贡献目标和气候智慧型农业优先选项）筹集资金，是该策略所支持的关键要素。例如，厄瓜多尔正在制定可持续融资战略，该战略将成为可持续发展目标获得支持的单一框架。气候变化及其相关国家自主贡献目标将成为这项一致性战略的重点领域，而气候智慧型农业将通过气候重点领域获得资助（S.Avalos，2019）。在埃塞俄比亚，气候适应型绿色经济（CRGE）基金是一个单一实体，通过该基金（包括从国内、私营、双边和多边来源）收集用于气候韧性的绿色增长优先选项的所有资金，包括气候智慧型农业，然后进行分配。

无论一个国家是否为了资助可持续发展目标实施而采取开发统一的融资战略或机制（包括通过气候智慧型农业的资助），以下步骤都有助于支持气候智慧型农业成为实现可持续发展目标和国家自主贡献目标的综合努力的一部分。参与式预算有助于以下所有步骤的实施，因为这种方法增加了在当地采用相关措施的可能性。参与式预算侧重于通过社区就如何使用这些资金进行民主决策，以及为地方服务分配公共资金。此过程通过社区内部参与和与政府官员的合作，确定投资优先序和选择方案，并通常以投票方式确定如何使用公共资金（Campbell et al.，2018）。

### 4.4.1　将气候变化纳入预算编制过程

国内公共资源通常是发展中国家实现国家发展优先事项的最大财政来源。因此，为了有效地为诸如气候智慧型农业之类的气候干预措施提供资金，应该将气候变化纳入部门预算流程的核心部分。将国内资源集中于气候干预措施，还可以帮助政府通过国际气候融资来扩大国家层面的影响（FAO，2017a）。Palmer等（2014）强调，预算编制是一项复杂的技术和政治活动，并且允许有多个切入点将气候变化纳入进来进行考虑。在图4中，作者展示了将气候变化纳入预算关键流程步骤的几种可能。

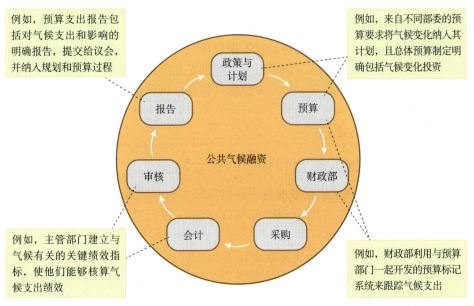

图4　将气候因素纳入预算周期关键步骤的机会（Palmer et al.，2014）

尽管此处讨论的重点是将气候变化纳入预算，但可以使用相同的过程将可持续发展目标议程的其他方面纳入部门预算过程。例如，这可以确保农业部门预算考虑到特定的可持续性优先事项。在了解这些机会时，政策整合至关重要（见第4.3.5节）。

### 4.4.2　追踪气候智慧型农业支出对相关可持续发展目标和国家自主贡献目标的贡献

明确说明气候智慧型农业如何支持一个国家为实现可持续发展目标及国

家自主贡献目标而进行的综合努力，有助于证明对该措施的持续投资是合理的。Bouyé 等（2018）指出，气候和可持续发展目标资金标记不充分是追踪这些议程实施情况的关键问题。这是因为，通常有多项预算计划可以推进这些优先选项，但它们并不被认为专门用于气候和可持续发展。此外，作者指出，部门预算计划常常不将其视为与可持续发展目标和国家自主贡献相关。鉴别推动可持续发展目标和国家自主贡献目标的所有行动的职责，可能落在那些对这些议程负主要职责的人身上。例如，在埃塞俄比亚，CRGE 基金负责追踪与CRGE 目标相关的气候智慧型农业方面的支出。但是，在许多国家或地区，负责执行特定可持续发展目标的责任仅落在特定的部门。在气候智慧型农业背景下，农业部需要提供明确的操作指南，说明如何识别和标记可促进实现可持续发展目标和国家自主贡献目标的活动。指南可以是简单的可持续发展目标关键字清单，项目实施者在标记目标时可以用它作为参考。或者，这些指南可以更复杂，例如要求预算编制者确定推进产妇保健等项目资金的百分比。支持气候智慧型农业参与一个国家实现可持续发展目标及国家自主贡献目标的综合努力的另一种有价值的追踪方法（假设气候智慧型农业方法与这种努力是协同的），就是在农业预算总额中设定一个应分配给气候智慧型农业的比例目标。这样就可以使气候智慧型农业对可持续发展目标和国家自主贡献相关努力的贡献得以事前明确，并得到支持。

### 4.4.3　鼓励国家基金和银行的综合融资

国家基金和银行越来越多地将可持续发展目标和国家自主贡献议程纳入筹资途径和优先事宜中。Bouyé 等（2018）指出，银行已开始采取措施，如将投资标准转向快速减排途径等，以建立正投资和负投资领域清单，以及进行项目和投资组合层面的风险和应变能力评估。例如，墨西哥开发银行（Nacional Financiera）通过利用资金吸引私人资本投入清洁能源项目，在推进该国的低碳发展战略中发挥了重要作用（Bouyé et al., 2018）。国家和地方各级的农业发展基金和银行也可以支持这种综合融资，从而有助于推进气候智慧型农业的实施，增强气候智慧型农业行动与国家实现可持续发展目标及国家自主贡献目标的综合努力之间的联系。作为此过程的第一步，国家农业发展基金和银行应明确关注气候智慧型农业。这可以通过将气候智慧型农业收益，例如"提高对气候变化的韧性"或"降低排放强度"，纳入投资标准来实现。此外，国家农业发展基金和银行可以通过纳入符合国家可持续发展目标和国家自主贡献优先事宜的标准，来支持其投资之间的联系，并促进实现可持续发展目标和国家自主贡献目标。例如，在埃塞俄比亚，畜牧业的价值链效率是一个重要的可持续发展目标的优先事项，因此可以优先考虑促进实现此气候智慧型农业、可持续发展目标和国家自主贡献目标的投资。关于"气候智慧型畜牧业"试点项目，厄瓜多尔政府正在与厄瓜多尔银行和厄瓜多尔开发银行进行初期讨论，以较低的利率建立信贷额度，支持可持续发展活动，例如该试点项目推广的有关活动。目的就是希望这些激励措施能够鼓励生产者进一步参与气候智慧型农业。

### 4.4.4　使用新的融资机制

发展中国家用于气候、农业和可持续发展目标干预的大部分资金是来自国内公共和私人资金来源。但是，"相对较少的国际气候融资就可以帮助将公共农业预算和私人投资转变为气候智慧型农业融资的来源"（FAO，2017a）。发展援助可以采用试点方法，然后将其纳入国家预算流程的核心部分，而一些更大范围的发展援助，例如绿色气候基金的资助，可以使各国在更大规模上加速实现其目标。

发展中国家可以使用几种多边气候基金来推进气候智慧型农业措施。这些基金包括绿色气候基金(GCF)，该基金优先考虑阐明与可持续发展目标联系的项目、全球环境基金（GEF）管理的基金（包括GEF信托基金、最不发达国家基金和气候变化特别基金）和适应基金。例如，厄瓜多尔的气候智慧型畜牧项目是该国的气候智慧型农业试点项目，且得到了GEF的支持。

要获得所有这些资金，尤其是获得全球合作框架基金，重要的是要能证明各国提案与本国的发展优先事项直接相关。这些证明可以在规划文件、国家政策工具和监测与评估系统等方面获取。GCF和GEF均要求这些提案阐明通过该项目可同时达成与可持续发展目标的共同利益。正如第4.2节中关于气候智慧型农业实施计划所概述的那样，气候智慧型农业规划人员切实参与到这些国家计划的制定流程中（其中一些计划本质上是反复的），这将有助于确保通过多边气候融资来推进气候智慧型农业措施。但应该注意，能力低的国家很难获得这些资金（有关能力建设的更多讨论，见第4.3.3节）。

除了多边气候基金之外，许多多边开发银行，例如非洲开发银行和亚洲开发银行，都有大量投资组合，也可以为气候智慧型农业项目提供资金。例如，世界银行已为多个气候智慧型农业项目提供了资金，其中包括一个侧重于印度马哈拉施特拉邦的气候变化韧性农业的4.2亿美元项目（世界银行，2018）。作为国家自主贡献实施的一部分，国家自主贡献合作伙伴关系是获得气候智慧型农业融资的另一个途径。该伙伴关系接受发展中国家提出的关于支持国家自主贡献实施的请求，然后试图将这些请求与双边和多边捐助机构提供的资助相匹配（NDCP，2019）。

### 4.4.5　地方层面的融资和预算

融资困难是地方政府计划并实施干预措施（包括与气候智慧型农业相关的干预措施）的主要障碍之一，因为它们的税收基础较小、收费机会较少，形成筹资的能力相对有限。各国政府可以支持地方实施气候智慧型农业，包括通过若干机制实现可持续发展目标和国家自主贡献目标的国家努力的一部分。

**（1）向地方政府提供赠款**

地方和区域政府全球工作组在《可持续发展目标本地化路线图：地方各级的实施和监测》（GTLRG，2016）中指出，要为可持续发展目标地方化创造有利环境，就必须认识到有必要从中央政府向地方和区域政府转移资金。这是为了纠正给后者分配的任务（与《2030年议程》的执行有关）与其有限的资源之间的不平衡（GTLRG，2016），对于气候智慧型农业实施来说当然也是一样。尼泊尔政府所采取的一种推进可持续发展目标议程的方法，涉及向地方政府提供赠款，并且要求明确推进特定的可持续发展目标优先选项。例如，农牧与发展部向各省和地方政府提供有条件的赠款，以实施农业发展项目。鉴于地方政府必须接触到农业干预的潜在参与者，2018—2019财政年度1/4以上的预算已通过赠款方式分配给了这些地方政府（GoN，2018）。

**（2）与地方政府就预算分配问题进行清晰沟通**

关于向地方政府提供赠款的有关事情，国家需要就预算分配问题与地方政府进行明确的沟通。例如，在尼泊尔地方实施营养计划时，地方当局在计划实施中遇到的阻碍是国家政府缺乏及时的沟通，以至于未能告知地方可期望的数额，特别是当分配的数额与预算过程中要求的不同时（Biradavolu et al.，2016）。

**（3）提高包括气候智慧型农业在内的预算编制能力**

尽管不是很普遍，但与国家级政府相比，地方政府在气候智慧型农业、可持续发展目标和国家自主贡献相关实施中的各个方面能力通常较国家级政府低，这包括不断将气候智慧型农业纳入预算编制的能力。各国政府可以通过建立旨在实现国家发展目标（例如与气候智慧型农业、可持续发展目标和国家自主贡献有关的优先事宜）的预算框架的培训，来提高地方政府的气候智慧型农业预算能力。这种能力建设的一部分可能还需要与能力更高的非政府组织和学术机构合作，这些组织与地方政府之间具有直接和可信赖的关系，并可以在预算编制过程中为这些政府提供支持。

## 4.5 实地实施措施

上述所有步骤对于实施气候智慧型农业措施都至关重要。尽管气候智慧型农业措施的实施应是自下而上的，即国家战略是基于基层所需的转型鉴别，但FAO指出，为使气候智慧型农业成功实施，必须努力使（国家）气候智慧型农业措施适应地方当地环境；此适应过程是通过让当地生产者直接参与项目设计过程，利用他们的知识来实现需求（FAO，2017a）。对于侧重于实地实施的可持续发展目标和国家自主贡献有关的干预措施来说也是如此，特定的社会、文化和环境因素将影响当地居民采纳新措施的愿望和能力。因为，与国家层面的气候智慧型农业、可持续发展目标或国家自主贡献目标相关的项目设计未必能充分适合地方情况，所以，地方项目经理应与目标人群互动，确定改进已定干预措施的方式，从而尽可能地使目标受众受益，提高措施被采用的机会。

### 4.5.1 设计与可持续发展目标和国家自主贡献目标协同的气候智慧型农业干预措施

为实地联合实施所设计的干预措施，是加强气候智慧型农业与一个国家为实现可持续发展目标及国家自主贡献目标所做的综合努力进行整合的最好方法，可以使实施效率最大化。下面是有助于共同实施的步骤：

**（1）在干预措施设计中事前整合气候智慧型农业和可持续发展目标的优先事项**

本书第2章中对气候智慧型农业-可持续发展目标相互联系的解析和评估可为气候智慧型农业干预措施的设计人员提供证据，以确保某些气候智慧型农业措施与特定可持续发展目标之间的协同，并最小化或补偿任何潜在的冲突。这些直接联系即使在没有专门考虑协同作用的情况下也经常存在；除此之外，还可以通过干预措施来链接气候智慧型农业和可持续发展目标的优先事项。例如，如果青年培训和就业是该国的一个优先事项，则可以共同设计一个以适应气候变化的加工和分销价值链为重点的气候智慧型农业项目，使之与青年培训和就业为重点（SDG 8.6）目标相结合。这种组合可能不是气候智慧型农业与可持续发展目标之间最直接或最明显的组合，但如果有效，可以将其合并到设计之中。

**（2）筛选和调整现有的气候智慧型农业干预措施，以发现能够推进与可持续发展目标和国家自主贡献相关的其他优先事项的机会**

一些气候智慧型农业干预措施的实施可以持续数年，实施期间存在改善实施方法的机会，例如中期评估。虽然预先设计的协同效应一般是理想的，但如果长期且正在进行的项目有扩展的机会，以容纳与可持续发展目标和国家自主贡献有关的其他优先事项，那么就可以对这些项目进行筛选和调整。中期评估通常会包括对某个特定方面进行强化的建议，因此，可以将实现可持续发展目标和国家自主贡献目标的筛选方法纳入正常的中期评估过程。第2章中提供的评估和解析，可以用作识别"容易的东西"，即通过正在进行的气候智慧型农业干预措施，更容易地推进可持续发展目标。但是，调整干预措施以扩大关注范围的过程可能会非常复杂。在某些情况下，这可能像在干预措施上增加其他任务一样容易，但是正如第4.5节的引言部分所述，我们应以参与性和包容性的方式进行所有调整，以确保最大的适用性和可行性。

**（3）将气候智慧型农业纳入农村综合发展措施**

许多针对农村贫困人口的项目结合了针对各种需求的干预措施，例如营养、性别平等、医疗保健、教育、劳动力发展和农业（Ruel et al.，2018）。有条件的现金转移计划就是尝试实现多种结果的干预措施的一个范例，它有助于减轻贫困、促进教育和孕产妇和儿童健康等（Sosa-Rubi et al.，2011；Del Pozo Loayza，2012）。如果明确地将这种方法与气候智慧型农业、可持续发展目标和国家自主贡献目标联系在一起，则可以确保有效的综合实施。在实现可持续发展目标之前，关于实施《2030年可持续发展议程》的另一个流行概念是联结方法（Nexus方法）。这是设计干预措施的流程框架，可同时检查多个部门之间的相互作用（Liu et al.，2018）。一些研究人员发现，联结方法可以揭示协同和冲突关系，并且具有减少负面影响并促进综合治理，以及计划和管理的潜力（Liu et al.，2018）。在这种方法中尤其流行的是针对水-能源-食物关系的干预措施（UNU，2019，以及上文第2.1.2.2节）。气候智慧型农业可以解决水-能源-食物关系的所有要素，并为实施可持续发展目标的大多数综合农村发展方法提升价值。虽然此处我们描述了实施过程，但这种类型的综合方法实际开始于计划阶段。

**（4）共同实施的范例**

无论是通过事前整合或实施过程中的干预措施调整，还是作为可持续发展目标实施的联结方法的一部分，都存在多种可以轻松地将气候智慧型农业实施与其他与可持续发展目标和国家自主贡献相关的优先事项进行整合的途径。在第2章中介绍的解析和评估中，本书提供了更全面的概述，但以下仍有一些示例：

①对于那些把消除饥饿作为头等大事的国家，气候智慧型农业可以与营养服务相结合[①]，例如（重新）引入具有高营养价值的气候韧性作物，如木薯、玉米等其他自给性作物热量更高，更耐旱。潜在的消除饥饿气候智慧型农业干预的例子是厄瓜多尔总统发起的学校供餐计划，该计划在一周的大部分时间为儿童提供牛奶。尽管厄瓜多尔正在开展的"气候智慧型畜牧业"试点项目与学校供餐计划没有明确联系，但它确实具有增加产量、减少排放强度和提高收入的目标（E.Pesantez，2019）。因此，该计划可以为农户提供牛奶市场，这些农户由于气候智慧型农业干扰措施的实施而开始生产更多牛奶。

②对于那些把性别平等作为可持续发展目标重点议程的国家而言，气候智慧型农业干预措施侧重于对妇女进行气候智慧型农业方法的培训，或提高女性农民的土地产权保障，这将有助于推进各种可持续发展目标。

③在以减少贫困和消除赤贫为主要重点的地区，气候智慧型农业干预措施可以集中在创收活动上，例如推广涉及高价值物种的农林复合体系或生产蜂蜜等非木材林产品。

### 4.5.2　地方层面的实地实施

在实地实施中让地方政府密切参与非常重要，因为他们能够以最直接的方式接触到特定干预措施的目标受众。根据当地情况量身定制干预措施，是吸引地方政府参与的一种重要方式。FAO在去中心化合作方面的工作为支持地方政府实地实施提供了一些指导（FAO，2007）。主要建议包括：

①在商定的优先框架内，让地方政府参与项目的鉴别和制定；

②向地方政府提供有关项目执行的技术援助，例如通过派遣人员或让地方政府工作人员参与国家推广服务；

③将地方政府联系起来，分享在应对共同挑战中的良好做法和经验教训。

## 4.6　监测、评估和报告

监测和评估（M&E）对于确保气候智慧型农业干预措施的正确实施并取得预期成果至关重要。监测和评估促进了对各种利益相关者的问责，并有助于确保对人力和财力的合理使用。它还有助于改进未来气候智慧型农业干预

---

①　即主要侧重于营养状况的健康服务，例如营养教育、补充食物和微量营养素、母乳喂养、生长监测、口服补液以及严重营养不良的治疗和康复（NRC，1986）。

措施的设计，并且是长期学习过程的一部分。在实施阶段，无论是对于试点倡议、项目还是方案，都必须监测其进度并鉴别气候智慧型农业干预措施中的成功之处和问题所在。该监测将验证相关活动是否满足效率标准以及实现气候智慧型农业和项目里程碑的目标。考虑到与气候变化预测相关的不确定性，它还将帮助实施者根据条件的变化调整活动，这一点尤其重要。通常，项目和方案的监测包括进度和中期结果的跟踪，并在实施过程中进行调整。在整个项目实施过程中往往要进行监测。评估主要包括对结果和影响的评价，它在项目中期和项目结束时尤为重要。理想情况下，项目结束时应将影响评估纳入对国家气候智慧型农业方法的长期评估中，评估的结果可能会导致政策和计划的修改（FAO，2017a）。粮农组织在气候智慧型农业的监测和评估系统的设计与实施指南（FAO，2019b）及《气候智慧型农业资料手册》（FAO，2017a）中全面概述了有关气候智慧型农业的监测、评估和经验总结。

通过对气候智慧型农业以及与可持续发展目标和国家自主贡献有关活动的报告，可以依据一个国家为自己设定的优先事项对项目进展情况进行透明地评估。就可持续发展目标而言，《2030年可持续发展议程》第79段，鼓励各国"在以国家为主导、由国家推动的情况下，在国家和地方各级对进展进行定期和全面审查"。然后，根据《2030年可持续发展议程》第84段（UN，2015），这些审查将成为高级别政治论坛范围内国家自愿审查的基础。根据《巴黎协定》，所有缔约方均需报告国家温室气体清单及其国家自主贡献的执行进展，并被鼓励报告其适应行动（COP，2015）①。对于大多数国家，关于气候智慧型农业活动的报告将成为农业部门报告的一部分。

## 4.6.1 可持续发展目标和国家自主贡献背景下的气候智慧型农业监测和评估

在将气候智慧型农业整合到一个国家为实现可持续发展目标及国家自主贡献目标所做出的综合努力之中时，气候智慧型农业的监测和评估系统也应该被整合起来，以避免重复并发挥协同作用。当可持续发展目标和国家自主贡献监测和评估系统尚处于初期或设计阶段时，进行协同设计是最理想的。但是，一些国家已经建立了现有的、强大的可持续发展目标和国家自主贡献监测与评估系统②；在这种情况下，应在这些现有系统的基础上，融入气候智慧型农业的监测与评估。无论是哪种方式的整合，任何气候智慧型农业干预措施的结果、产出和影响都应在国家气候智慧型农业监测与评估框架中体现；理想情况

---

① 《巴黎协定》的报告建立在《联合国气候变化框架公约》规定的报告要求基础上。因此，各国已经具备气候报告方面的经验，并且可能已经将有关气候智慧型农业努力的信息纳入气候报告中。

② 在《联合国气候变化框架公约》中，监测和评估通常被称为监测、报告和核查（MRV）。

是该框架与国家可持续发展目标和国家自主贡献监测与评估框架保持一致，具体的整合过程包括以下步骤：

**（1）使气候智慧型农业指标同可持续发展目标和国家自主贡献目标的相关指标保持一致**

有关可持续发展目标和《巴黎协定》的多边流程都附有一系列指标，但在上述两种情况下，各国都将完善这些理想的具体目标。如《2030年可持续发展议程》（UN，2015）所述，"具体目标是理想的、全球性的，各政府需要在本国目标水平和国情的共同指导下，制定自己国家的具体目标"。同样，国家自主贡献流程也是"国家驱动"的，每个国家自己定义如何实现为自己所设定的具体目标。

以下是气候智慧型农业指标与可持续发展目标和国家自主贡献目标相关指标保持一致的方式：

①在国家气候智慧型农业监测与评估框架中采用与可持续发展目标和国家自主贡献相关的指标。

如"计划"部分所述，国家应制定独立的气候智慧型农业计划或策略，而监测与评估框架是此类计划的重要方面。对此，一些国家将建立国家可持续发展目标监测和评估系统；在建立气候智慧型农业监测和评估框架时，相对简单的做法就是从现有的可持续发展目标监测和评估系统中选用那些气候智慧型农业计划可以实际推进的指标。例如，孟加拉国已完善（来自全球SDG指标2.2.1）并采用的可持续发展目标指标是"将5岁以下儿童发育迟缓的患病率降低至12%"（GoB，2017b）。假设其气候智慧型农业方法的重点是儿童营养，则该可持续发展目标的进度指标可以很容易地用作气候智慧型农业监测和评估系统的一部分。

②将气候智慧型农业指标明确纳入可持续发展目标和国家自主贡献监测和评估框架。

例如，厄瓜多尔仍在为其国家自主贡献目标开发协调一致的监测、报告和验证（MRV）框架（Merino & Sangoluisa，个人交流，2019），由于在制定国家自主贡献时，明确考虑了气候智慧型农业（Avalos，个人交流，2019），因此，与气候智慧型农业相关的指标就很可能会被纳入国家自主贡献的监测、报告和验证系统中。

③审查或完善与可持续发展目标和国家自主贡献相关的指标，以便将气候智慧型农业纳入考虑之中。

虽然不多见，但可持续发展目标和国家自主贡献相关的监测与评估系统建立之后，气候智慧型农业仍可能成为与实现可持续发展目标和国家自主贡献目标相关实施计划的一部分。在这些情况下，必须进行系统扩展，以包含气候智慧型农业指标。

④使用或更新国家发展规划，并作为制定气候智慧型农业、可持续发展目标和国家自主贡献指标的基础。

在埃塞俄比亚，当前的第二个增长与转型计划（2015—2020）（GTP II）为所有可持续发展目标实施奠定了基础，其中包括国家监测和评估系统。因此，该国所有可持续发展目标（以及国家自主贡献和气候智慧型农业）的具体目标和指标都通过国家监测和评估系统进行整合（S. Tesfasilassie Tegegne，2019）。例如，GTP II 中的一项指标是"减少小型机械化农业的碳排放量（百万吨）"。这显然是气候智慧型农业的一个例子，它表明了该计划与 SDG 2.4、13.1 和 13.2 有了明确链接（GoEt，2016）。

**（2）优化数据的收集和管理**

数据是成功实施气候智慧型农业的另一个关键部分，也是一个重要挑战。Bouyé 等（2018）讨论了与实施可持续发展目标和国家自主贡献的相关数据难题："可持续发展目标的实施和气候议程也提出了类似的数据挑战，这其中包括增强国家统计系统，提高数据可获性、及时性和兼容性，并使用新的数据源，提高数据可读写性，为数据开发和共享而创建数据基础设施。"同样，获取和管理适当的数据对于建立支持气候智慧型农业的数据库也是必要的，并且对于许多国家而言，是一个关键的挑战。鉴于全球和国家层面在可持续发展目标和国家自主贡献相关的政治声望，气候智慧型农业数据收集需求及其系统对监测和评估及报告至关重要，把它们交付给与可持续发展目标和国家自主贡献目标的相关报告人员，将有助于与气候智慧型农业相关的数据收集工作。确保这种整合的方法是将气候智慧型农业数据收集策略与可持续发展目标和国家自主贡献相关工作中使用的策略保持一致。例如，家庭调查是许多发展中国家可持续发展目标监测和评估系统数据收集的重要工具（ISWGHS，2019）。在家庭调查中，特别是针对农村人口的调查，如果加入一些与气候智慧型农业相关的问题，可以最大程度地提高资源利用效率，同时可以在气候智慧型农业和这些调查数据所支持的国家其他发展优先事项（例如可持续发展目标）之间建立联系。

还有一种重要方法可以将气候智慧型农业数据收集与管理同实现可持续发展目标及国家自主贡献目标的国家综合努力进行结合，就是在国家数据平台和门户中提供气候智慧型农业数据。这些系统是收集和传播国家统计数据的一种手段，这些数据涉及国家的各种发展优先事项。可持续发展目标实施论坛强调了建立和增强这些国家数据系统的紧迫性（UN Stats，2018）。将气候智慧型农业统计信息包括在此类数据系统中，即使不进入与可持续发展目标监测和评估相关的数据系统，也能提高资源利用效率，使国家的发展数据更加公开和兼容。

### 4.6.2　确保国家和全球报告周期的协同

如上所述，可持续发展目标和国家自主贡献进展的国家报告是这两个系统的基本特征。《2030年议程》呼吁在国家一级报告可持续发展目标的进展情况，从而将进展情况通报给区域和全球审查（在高级别政治论坛上进行自愿性国家级审查）。议程还规定，在各个级别上进行的报告和参与评论都是自愿的（UNGA，2015）。根据《巴黎协定》，所有缔约方必须报告国家温室气体排放清单，以及在执行国家自主贡献方面所取得的进展，并鼓励它们通过两年一次的公开报告（APA，2018）来汇报影响和适应情况。

在可能的情况下，关于气候智慧型农业行动的报告时间应与国家可持续发展目标和《巴黎协定》报告时间同步，尤其是要赶得上国家自主贡献的更新过程。除了有助于确保在可持续发展目标和《巴黎协定》报告中考虑的气候智慧型农业活动成果外，报告时间的同步还可以使新的农业发展计划能够实时关注可持续发展目标和国家自主贡献相关的优先事项。

此外，应抓住机会使有关气候智慧型农业的报告（或更广泛地说，有关农业部门的报告）结构与可持续发展目标和国家自主贡献报告结构的要求和建议保持一致。例如，在高级别政治论坛上，讨论国家可持续发展目标建议内容时，建议同时讨论如何将可持续性的三个层面纳入可持续发展目标实施中，以及如何实施"不让任何一个人掉队"的原则。当然，指南还建议讨论具体目标及具体目标的进展情况（UN，2017）。如果负责准备此类国家层面报告的人员能够轻松地从气候智慧型农业（和农业部门）报告中提取此类信息，那么可持续发展目标报告中更有可能包含有关气候智慧型农业贡献可持续发展目标的信息。

### 4.6.3　地方层面的监测、评估和报告

气候智慧型农业的大部分实施，包括对气候智慧型农业项目和计划的监测和评估，都涉及地方政府及其主管部门。各国政府可以通过以下良好措施，确保地方政府已做好准备，且有能力支持国家关于气候智慧型农业的监测、评估和报告：

①各国政府可以确定明确的指标和成果，使地方政府能在他们开展的任何项目实施和监测与评估工作中使用，从而进行监测与评估过程的立体整合。出于国家数据汇总目的，各国政府必须确定与国家层面相关的指标，而地方政府可以根据需要将其与更具体的实地指标一起使用。

②各国政府还应确保地方各级应该拥有能力，并在必要时资助它们发展这些能力，以进行监测、评估和报告。如前文中对机构能力和安排所阐述的，能力建设包括将地方政府机构集中培训；与可能具有监测和评估能力并能够支

持地方政府的非政府组织、私营部门、大学和研究机构进行合作；以及资助数据共享门户。因为在某些情况下，地方政府机构可能缺乏将数据传递到国家门户网站的能力。

③与数据收集相关的还有数据共享协议。如果所监测的项目和计划不涉及国家主管部门，但干预措施有助于进一步提高国家气候智慧型农业、可持续发展目标和国家自主贡献的优先事项，那么就可能需要在地方与国家之间、或私人项目支持者与国家政府之间，制定数据共享协议。

## 4.7  本章结论

本章介绍了在一个国家为实现其可持续发展目标和国家自主贡献目标，各部门间做出综合努力的情景下，实施气候智慧型农业的指导方针，以促进气候智慧型农业对一个国家实现可持续发展目标及国家自主贡献目标的贡献。讨论的重点是《气候智慧型农业资料手册》中描述的五个气候智慧型农业实施步骤。同时还阐述了另一个与五个步骤相关的独立主题，即监测、评估和报告。这六个部分中的每一个都重点介绍了与可持续发展目标和国家自主贡献相关的国家综合努力背景下实施气候智慧型农业的最相关子步骤。它们还涉及了各国政府如何与地方政府合作，以支持实现可持续发展目标和国家自主贡献目标。

这些指导方针是在相关主题的文献资料和三个国家案例研究（孟加拉国、厄瓜多尔和埃塞俄比亚）所得的经验，以及专家判断的基础上形成的。迄今为止，在有关国家或地区为实现可持续发展目标及其国家自主贡献目标所做的综合努力情景下，基于文献报道和国家案例研究的可供参考的气候智慧型农业实践经验还非常有限。因此，作者基于FAO的经验，重点讨论了认为与气候智慧型农业实施最为相关的六个主题的二级话题。可以肯定的是，随着时间的推移和实践经验的积累，还将需要讨论新的主题，而上述指南中描述的某些主题可能不再被优先考虑。因此，本指南应被视为一项初步工作，可随经验积累而继续完善。

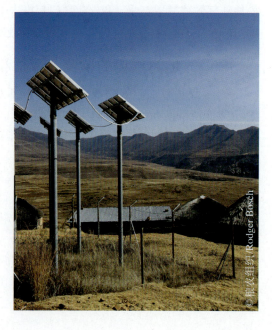

# 结　语

全球社会一致认为，人类的进步取决于实现17个可持续发展目标 (SDGs)。气候变化的"新常态"，即海平面的不断上升以及风暴和干旱日益 加剧，给其中一些目标的实现带来了现实风险，即使这些目标意识到了需要 采取更雄心的气候行动 (SDG 13)。因此，为了实现可持续发展目标，必须采 用多部门协同的方法，从整体的角度来考虑气候变化问题。气候智慧型农业 (CSA) 为这种综合方法提供了很多机会，尤其是它在推动众多可持续发展目 标上的潜力。气候智慧型农业的三大宗旨着眼于农业生产力和收入的可持续增 长、增强韧性和适应气候变化，以及尽可能减少或消除温室气体排放，这为解 决日益严重的粮食安全问题提供了重大机遇。因此，气候智慧型农业应该是国 家及其发展伙伴的优先资助领域。

本书的第2部分评估并解析了气候智慧型农业的三大宗旨及其关键实施步 骤（证据库扩展；资助扶持性政策框架和规划；加强国家和地方机构的能力建 设；改善融资方案；实地实施）与可持续发展目标之间的相互联系。研究发现， 气候智慧型农业可以支持所有可持续发展目标，并与近90个具体目标产生协同 作用。作者也指出，在特定的气候智慧型农业行动和可持续发展目标之间存在冲 突，并在可能的情况下提供了避免或减少冲突的相关建议。但是，我们应当清楚 知道，冲突不是不可避免的。对负责实施气候智慧型农业或实现可持续发展目标 或国家自主贡献 (NDC) 目标的国家主管部门来说，这份关于气候智慧型农业- 可持续发展目标间相互联系的评估和解析可以作为他们工作中的重要参考。

第3章描述了在《巴黎协定》下，国家自主贡献如何成为国家层面通过实 施气候智慧型农业促进可持续发展目标实现的关键因素。本章还阐明了，为何 许多国家认为农业对于共同推进可持续发展和气候行动至关重要。

本书第4章提供了在为实现可持续发展目标及国家自主贡献目标的国家综 合努力情景下，气候智慧型农业的实施指南。通过着重讨论上述气候智慧型农 业的实施步骤，以及对气候智慧型农业逐步实施至关重要的另一个步骤，即监 测、评估和报告。作者介绍了一个国家设计和实施气候智慧型农业的方法，以 促进实现可持续发展目标及国家自主贡献目标的努力。鉴于地方层面在实施气 候智慧型农业以及许多可持续发展目标和国家自主贡献优先事项的重要性，作 者还基于各国政府在为实现可持续发展目标及国家自主贡献目标的综合努力情 景，提出了如何同时支持地方政府来推进气候智慧型农业的相关建议。同样， 这些建议指南概述了气候智慧型农业支持者在发展针对特定国家措施时，应采 取的步骤和需要考虑的话题。

### 研究局限性

本书中介绍的评估、解析和指南，应被视为理解气候智慧型农业对实现一些可持续发展目标以及延伸到对国家自主贡献目标的实际和潜在贡献的第一步。作者指出，本书一些重大局限可以在未来通过以下途径得以解决。例如，本书的评估部分没有提出如何确定特定的气候智慧型农业干预对可持续发展目标目标的具体贡献，而这一层次的详细信息对于各国制定高度详细的实施计划非常重要。此外，本文没有提供与具体气候智慧型农业行动相关的协同和冲突的评估方法，也没有明确它们的存在程度。最后，该书未考虑气候智慧型农业行动与可持续发展目标指标之间的关系。未来一个非常有意义的解析工作将侧重在气候智慧型农业对可持续发展目标指标的贡献上。

本指南是基于相关文献和各国实证研究经验的，但这两种情况都无法获得与可持续发展目标和国家自主贡献相关的气候智慧型农业系统实施的直接经验。随着实践经验的积累，应该根据新的信息和经验对指南进行审查，并进行可能的修订。

# 参考文献

**Ad-hoc Working Group on the Paris Agreement (APA).** 2018. Draft Text on APA 1.7 agenda item 5 Modalities, procedures and guidelines for the transparency framework for action and support referred to in Article 13 of the Paris Agreement. [online]. [Cited 15 August 2019].https:// unfccc.int/sites/default/files/resource/APA1_7_DT_i5v3.pdf.

**Alcorn, J.** 2013. Tenure and indigenous peoples: the importance of self-determination, territory, and rights to land and other natural resources. USAID. [online]. [Cited 15 August 2019].http:// www.land-links.org/issue-brief/tenure-and-indigenous-peoples/.

**Arslan, A., Asfaw, S., Cavatassi, R., Lipper, L., McCarthy, N., Kokwe, M. & Phiri, G.** 2017. Diversification as part of a CSA strategy: The cases of Zambia and Malawi. In L. Lipper, D. Zilberman, N. McCarthy,S. Asfaw & G. Branca, eds. Climate-Smart Agriculture: Building resilience to climate change. New York, USA, Springer.

**Barooah, B., Kaushish, B. & Puri, J.** 2017. Understanding financial risks for smallholder farmers in low- and middle- income countries: What do we know and not know? 3ie Scoping paper 9. New Delhi, International Initiative for Impact Evaluation.

**Biradavolu, M., Pomeroy-Stevens, A., Shrestha, M.B., Sharma, I. & Shrestha, M.** 2016. Adapting national nutrition action plans to the subnational context: The case of Nepal. Technical Brief #3, Pathways to Better Nutrition Case Study Evidence Series. Arlington, USA, Strengthening Partnerships, Results, and Innovations in Nutrition Globally (SPRING) project. [online]. [Cited 15 August 2019].http://www.spring-nutrition.org/sites/default/files/publications/ briefs/nepaladaptnatlnutritionplan_1.pdf.

**Bouyé, M., Harmeling, S. & Nils-Sjard, S.** 2018. Connecting the dots: Elements for a joined-up implementation of the 2030 Agenda and Paris Agreement. Deutsche Gesellschaft für Internationale Zusammenarbeit (GIZ) GmbH. [online]. [Cited 15 August 2019].https://wriorg. s3.amazonaws.com/s3fs-public/connecting-the-dots.pdf.

**Branca, G., Arslan, A., Paolantonio, A., Cavatassi, R., VanLinh, N. & Lipper, L.** 2017. Economic analysis of improved smallholder paddy and maize production in Northern Viet Nam and implications for Climate-Smart Agriculture. In L. Lipper, D. Zilberman, N. McCarthy, S. Asfaw, G. Branca, eds. Climate-Smart Agriculture: Building resilience to climate change. New York, USA, Springer.

**Campbell, M., Escobar, O., Fenton, C. & Carig, P.** 2018. The impact of participatory budgeting on health and wellbeing: A scoping review of evaluations. BMC Public Health, 18(822). [online]. [Cited 15 August 2019]. https://bmcpublichealth.biomedcentral.com/articles/10.1186/s12889-

018-5735-8.

**Celeridad, R.** 2018. Contextual and universal: Scaling context-specific Climate-Smart Agriculture. World Agroforestry Centre. [online]. [Cited 15 August 2019]. https://ccafs.cgiar.org/blog/ contextual-and-universal-scaling-context-specific-climate-smart-agriculture#.XLYjytJKhdi.

**CGIAR Research Program on Climate Change, Agriculture and Food Security (CCAFS).** 2017. Climate-Smart Agriculture 101 Guide. [online]. [Cited 15 August 2019]. https://csa.guide/ csa/systems-approaches#article-46.

**Chandra, A., McNamara, K.E., Dargusch, P., Damen, B., Rioux, J., Dallinger, J. & Bacudo, I.** 2016. Resolving the UNFCCC divide on Climate-Smart Agriculture. Carbon Management. [online]. [Cited 15 August 2019]. http://www.tandfonline.com/doi/abs/10.1080/17583004.2016. 1235420.

**International Center for Tropical Agriculture (CIAT) & Bureau for Food Security, United States Agency for International Development (BFS/USAID).** 2017. Climate-Smart Agriculture in Ethiopia. CSA Country Profiles for Africa Series. Washington, DC.

**International Center for Tropical Agriculture (CIAT) & World Bank.** 2017. Climate-Smart Agriculture in Bangladesh. CSA Country Profiles for Asia Series. Washington, DC. [online]. [Cited 15 August 2019]. https://ccafs.cgiar.org/publications/climate-smart-agriculture-bangladesh#.XPVVrNJKhdi.

**Conference of the Parties to the UNFCCC (COP).** 2015. Decision 1/CP.21: Adoption of the Paris Agreement.[online]. [Cited 15 August 2019]. https://unfccc.int/sites/default/files/resource/ docs/2015/cop21/eng/10a01.pdf.

**Crumpler, K., Bloise, M., Meybeck, A., Salvatore, M. & Bernoux, M.** 2019. Linking Nationally Determined Contributions and the Sustainable Development Goals through agriculture: A methodological framework. Environment and Natural Resources Management Working Paper No. 75 Rome, FAO. 40 pp. Licence: CC BY-NC-SA 3.0 IGO.

**Del Pozo Loayza, C.** 2012. Impacts of conditional cash transfer on agricultural production and implications for the use of natural resources in rural and poor areas of Peru: Evidence from a quasi-experimental approach. Working Papers 201249, Latin American and Caribbean Environmental Economics Program, revised 2012. [online]. [Cited 15 August 2019]. https:// ideas.repec.org/p/lae/wpaper/201249.html.

**Economist Intelligence Unit (EIU).** 2018. Fixing food 2018: Best practices towards the Sustainable Development Goals. Barilla Center for Food and Nutrition. [online]. [Cited 15 August 2019]. http://foodsustainability.eiu.com/wp-content/uploads/sites/34/2016/09/ FixingFood2018.pdf.

**ECLAC, FAO & IICA.** 2017. The outlook for agriculture and rural development in the

Americas: A perspective on Latin America and the Caribbean 2017–2018. San Jose. [online]. [Cited 15 August 2019]. https://repositorio.cepal.org/bitstream/handle/11362/42282/1/OutlookAgriculture2017-2018.pdf.

**FAO.** 1999. PRA: Brief introduction to PRA. [online]. Rome. [Cited 15 August 2019]. http://www.fao.org/3/x5996e/x5996e06.htm.

**FAO.** 2006. The new generation of watershed management programmes and projects. FAO Forestry Paper 150. Rome.

**FAO.** 2007. Food for the cities: Local governments for food security: Helping cities to feed themselves. Rome. (also available at http://www.fao.org/tempref/docrep/fao/011/ak003e/ak003e13.pdf).

**FAO.** 2012. Voluntary guidelines on the responsible governance of tenure of land, fisheries and forests in the context of national food security. Rome. (also available at http://www.fao.org/3/i2801e/i2801e.pdf).

**FAO.** 2013. Climate-Smart Agriculture Sourcebook, 1st edition. Rome. (also available at http://www.fao.org/3/i3325e/i3325e.pdf).

**FAO.** 2014a. Building a common vision for sustainable food and agriculture: Principles and approaches. Rome. (also available at http://www.fao.org/3/a-i3940e.pdf).

**FAO.** 2014b. Evidence-based assessment of the sustainability and replicability of integrated food-energy systems: A guidance document. Environment and Natural Resources Management Working Paper 57. Rome. (also available at http://www.fao.org/3/i3669e/i3669e.pdf).

**FAO.** 2014c. Walking the nexus talk: Assessing the water-energy-food nexus in the context of the Sustainable Energy for All Initiative. Environment and Natural Resources Management Working Paper 58. Rome. (also available at http://www.fao.org/3/a-i3959e.pdf).

**FAO.** 2014d. Adapting to climate change through land and water management in Eastern Africa: Results of pilot projects in Ethiopia, Kenya and Tanzania. Rome.

**FAO.** 2014e. FAO success stories on Climate-Smart Agriculture. Rome. (also available at http://www.fao.org/3/a-i3817e.pdf).

**FAO.** 2015a. MOSAICC: A modelling system for the assessment of the agricultural impacts of climate change. Rome. (also available at http://www.fao.org/3/a-i5294e.pdf).

**FAO.** 2015b. The economic lives of smallholder farmers: An analysis based on household data from nine countries. Rome. (also available at http://www.fao.org/3/a-i5251e.pdf).

**FAO.** 2016a. Food and agriculture: Key to achieving the 2030 Agenda for Sustainable Development. Rome. (also available at http://www.fao.org/3/a-i5499e.pdf).

**FAO.** 2016b. The agriculture sectors in the Intended Nationally Determined Contributions:

Analysis. Environment and Natural Resources Management Working Paper 62. Rome. (also available at http://www.fao.org/3/a-i5687e.pdf).

**FAO.** 2016c. Farmer Field School guidance document: Planning for quality programmes. Rome. (also available at http://www.fao.org/3/a-i5296e.pdf).

**FAO.** 2016d. Why are women so important to agriculture? Blog. [online]. Rome. [Cited 15 August 2019]. http://www.fao.org/cfs/home/blog/blog-articles/article/en/c/447783/.

**FAO.** 2016e. How to place food and agriculture in the SDGs on the national planning menu: A 10-point guide. Rome. (also available at http://www.fao.org/3/a-i6111e.pdf).

**FAO.** 2017a. Climate-Smart Agriculture Sourcebook, 2nd edition. Rome. (also available at http://www.fao.org/climate-smart-agriculture-sourcebook/en).

**FAO.** 2017b. Food and agriculture: Driving action across the 2030 Agenda for Sustainable Development. Rome. (also available at http://www.fao.org/3/a-i7454e.pdf).

**FAO.** 2017c. Livestock solutions for climate change. Rome. (also available at http://www.fao.org/3/I8098EN/i8098en.pdf).

**FAO.** 2017d. The future of food and agriculture: Trends and challenges. Rome. (also available at http://www.fao.org/3/a-i6881e.pdf).

**FAO.** 2017f. Ecuador advances towards climate-smart livestock. Webpage. [online]. [Cited 15 August 2019]. http://www.fao.org/in-action/agronoticias/detail/en/c/1025398/.

**FAO.** 2018a. Transforming food and agriculture to achieve SDGs. Rome. (also available at http://www.fao.org/3/I9900EN/i9900en.pdf).

**FAO.** 2018b. World livestock: Transforming the livestock sector through the Sustainable Development Goals. Rome. Licence: CC BY-NC-SA 3.0 IGO. [online]. [Cited 15 August 2019]. http://www.fao.org/3/CA1201EN/ca1201en.pdf.

**FAO.** 2018c. The State of the World's Forests 2018 – Forest pathways to sustainable development. Rome. Licence: CC BY-NC-SA 3.0 IGO. [online]. Rome, [Cited 15 August 2019]. http://www.fao.org/state-of-forests/en.

**FAO.** 2019a. Social protection: Working towards universal coverage of social protection. Webpage. [online]. [Cited 15 August 2019]. http://www.fao.org/social-protection/overview/en/.

**FAO.** 2019b. Guidelines for the design and implementation of monitoring and evaluation systems for Climate-Smart Agriculture. Rome.

**FAO.** 2019c. Mitigation of Climate Change in Agriculture (MICCA) Programme: AFOLU Emissions Analysis Tools. Webpage. [online]. [Cited 15 August 2019]. http://www.fao.org/in-action/micca/resources/tools/ghg/en/.

**FAO.** 2019d. Household surveys. Webpage. [online]. [Cited 15 August 2019]. http://www.fao.org/economic/ess/ess-fs/fs-methods/fsreports/en/.

**FAO.** 2019e. Agriculture and climate change – Challenges and opportunities at the global and local level – Collaboration on Climate-Smart Agriculture. Rome. Licence: CC BY-NC-SA 3.0 IGO.

**FAO, IFAD, UNICEF, WFP & WHO.** 2018. The State of Food Security and Nutrition in the World 2018. Building climate resilience for food security and nutrition. Licence: CC BY-NC-SA 3.0 IGO.

**Global Alliance for Climate-Smart Agriculture (GACSA).** 2017a. Solar-powered irrigation systems: A clean-energy, low-emission option for irrigation development and modernization. Rome, FAO. (also available at http://www.fao.org/3/a-bt437e.pdf).

**GACSA.** 2017b. Improving climate risk transfer and management for Climate-Smart Agriculture: A review of existing examples of successful index-based insurance for scaling up. Rome, FAO. (also available at http://www.fao.org/3/a-bu216e.pdf).

**GACSA.** 2018. Compendium on climate-smart irrigation. Rome, FAO. (also available at http://www.fao.org/3/CA1726EN/ca1726en.pdf).

**Government of Bangladesh (GoB).** 2015a. Intended Nationally Determined Contributions (INDC). UNFCCC NDC Registry. (also available at http://www4.unfccc.int/sites/ndcstaging/PublishedDocuments/Bangladesh First/INDC_2015_of_Bangladesh.pdf).

**GoB.** 2015b. 7th Five Year Plan (FY2016-FY2020): Accelerating growth, empowering citizens. (also available at http://www.lged.gov.bd/UploadedDocument/UnitPublication/1/361/7th_FYP_18_02_2016.pdf).

**GoB.** 2017a. Nationally Determined Contribution of Bangladesh: Implementation roadmap. (also available at https://moef.portal.gov.bd/sites/default/files/files/moef.portal.gov.bd/notices/e5820e3c_2cd7_4e4d_ baf3_5e613b37348a/Bangladesh%20NDC%20implementation%20roadmap_final_12%20June%202017_clean%20 version.docx).

**GoB.** 2017b. SDG Tracker: Bangladesh's development mirror. Webpage. [online]. [Cited 15 August 2019]. http://www.sdg.gov.bd/page/thirty_nine_plus_one_indicator/5#1.

**GoB.** 2017c. Eradicating poverty and promoting prosperity in a changing world: Voluntary National Review (VNR), 2017. (also available at https://sustainabledevelopment.un.org/content/documents/15826Bangladesh.pdf).

**GoB.** 2018. Sustainable Development Goals: Bangladesh progress report 2018. (also available at http://www.undp.org/content/dam/bangladesh/docs/Publications/Pub-2019/SDGs-Bangladesh_Progress_Report%20 2018%20(1).pdf).

**Government of Ecuador (GoEc).** 2017. Plan Nacional de Desarrollo 2017-2021 Toda una vida de Ecuador. (also available at https://observatorioplanificacion.cepal.org/es/planes/plan-nacional-de-desarrollo-2017-2021-toda-una-vida-de- ecuador).

**GoEc.** 2018. Examen nacional voluntario Ecuador 2018. (also available at https://sustainabledevelopment.un.org/content/documents/19627EcuadorVNRReportENVE2018.pdf).

**GoEc.** 2019. Primera Contribución Determinada a nivel nacional para El Acuerdo De París Bajo La Convención Marco De Naciones Unidas Sobre Cambio Climático. (also available at http://www4.unfccc.int/sites/ndcstaging/PublishedDocuments/Ecuador%20First/Primera%20NDC%20Ecuador.pdf).

**Government of Ethiopia (GoEt).** 2011. Climate Resilient Green Economy Strategy. (also available at http://www.undp.org/content/dam/ethiopia/docs/Ethiopia%20CRGE.pdf).

**GoEt.** 2015a. Intended Nationally Determined Contribution (INDC) of the Federal Democratic Republic of Ethiopia. (also available at http://www4.unfccc.int/sites/ndcstaging/PublishedDocuments/Ethiopia%20First/INDC-Ethiopia-100615.pdf).

**GoEt.** 2015b. Ethiopia's Climate Resilient Green Economy: Climate Resilience Strategy Agriculture and Forestry. (also available at https://gggi.org/site/assets/uploads/2017/11/2015-08-Sectoral-Climate-Resilience-Strategies-for-Ethiopia-1- Agriculture-and-Forestry-Climate-Resilience-Strategy.pdf).

**GoEt.** 2016. Growth and Transformation Plan II (GTP II) (2015/16-2019/20). (also available at http://www.cmpethiopia.org/media/gtp_ii_policy_matrix_english_final_august_2016_2).

**GoEt.** 2017. The 2017 Voluntary National Reviews on SDGs of Ethiopia: Government commitments, national ownership and performance trends. (also available at https://sustainabledevelopment.un.org/content/documents/16437Ethiopia.pdf).

**Government of Nepal (GoN).** 2018. Policy brief. SDG localization through integration of climate change in agricultural planning and budgeting at the national and sub-national levels. (also available at http://www.climatefinance-developmenteffectiveness.org/sites/default/files/UNDP-Policy-Breif-FINAL-Oct2-Nepal. pdf).

**Global Taskforce of Local and Regional Governments (GTLRG).** 2016. Roadmap for localizing the SDGs: Implementation and monitoring at subnational level. (also available at https://sustainabledevelopment.un.org/content/documents/commitments/818_11195_commitment_ROADMAP%20 LOCALIZING%20SDGS.pdf).

**IPCC.** 2014. Climate change 2014: Mitigation of climate change. In O. Edenhofer, R. Pichs-Madruga, Y. Sokona, E. Farahani, S. Kadner, K. Seyboth, A. Adler et al., eds. Contribution of Working Group III to the Fifth Assessment Report of the Intergovernmental Panel on Climate Change. Cambridge, UK, Cambridge University Press, and New York, NY, USA.

**Intersecretariat Working Group on Household Surveys (ISWGHS).** 2019. Webpage. [online]. [Cited 15 August 2019]. https://unstats.un.org/iswghs/.

**Lal, R.** 2014. Soil carbon management and climate change. Soil Carbon, 339–361. [online]. [Cited

15 August 2019]. https://doi:10.1007/978-3-319-04084-4_35.

**Liu, J., Hull, V., Charles J,. Godfray, H. Tilman, D., Gleick, P., Hoff, H., Pahl-Wostl, C. et al.** 2018. Nexus approaches to global sustainable development. Nature Sustainability. [online]. [Cited 15 August 2019]. https://doi.org/10.1038/s41893-018-0135-8.

**Micro-insurance network.** 2018. Our commitment to address climate change. [online]. [Cited 15 August 2019]. https://microinsurancenetwork.org/our-commitment-address-climate-change.

**Mohtar, R.** 2016. The importance of the water-energy-food nexus in the implementation of the Sustainable Development Goals (SDGs). Policy Brief. Rabat, Morocco, OCP Policy Centre.

**Moriarty, P.B., Batchelor, C.H., Laban, P. & Fahmy, H.** 2010. Developing a practical approach to 'light IWRM' in the Middle East. Water Alternatives, 3(1): 122–136.

**NDC Partnership (NDCP).** 2019. Climate Action Enhancement Package (CAEP). Webpage. [online]. [Cited 15 August 2019]. http://ndcpartnership.org/caep.

**Negra, C. & Wollenberg, E.** 2011. Lessons from REDD+ for agriculture. CCAFS Report no. 4. Copenhagen, CGIAR Research Program, Climate Change, Agriculture and Food Security.

**National Research Council (US) Food and Nutrition Board (NRC).** 1986. Nutrition issues in developing countries for the 1980s and 1990s. Proceedings of a symposium "Nutrition in Developing Countries and the Role of International Agencies: In Search of a Vision", Washington, DC, National Academies Press. (also available at http://www.ncbi.nlm.nih.gov/books/NBK231298/).

**Palmer, A., Steele, P., Beloe, T., Taishi, Y., Kohli, R., Kurukulasuriya, P., Baboyan, K., Manda, J. & Pant, S.** 2014. Supporting countries to integrate climate change into planning and budgeting: A UNDP approach. Draft for Consultation. Background document for "Asia Pacific Regional Technical Workshop on Climate Responsive Budgeting", 5–7 November 2014, Bangkok, UNDP & International Budget Partnership. (also available at http://www.climatefinance-developmenteffectiveness.org/sites/default/files/documents/04_12_14/Session_4/UNDP_Approach_Paper_final_draft_for_consultation_20_Oct.docx).

**Peterson, C.A.** 2014. Local-level appraisal of benefits and barriers affecting adoption of Climate-Smart Agricultural practices: Curití, Colombia. Copenhagen, CGIAR Research Program on Climate Change, Agriculture and Food Security.

**Power, A.G.** 2010. Ecosystem services and agriculture: Trade-offs and synergies. Philosophical transactions of the Royal Society B: Biological Sciences. [online]. [Cited 15 August 2019]. https://doi.org/10.1098/rstb.2010.0143.

**Rabobank.** 2018. Rabobank SDG Report 2017: Rabobank's contribution to the Sustainable Development Goals. A publication of Rabobank Sustainability. (also available at http://www.rabobank.com/en/images/rabobanks-contribution-to-the-un-sustainable-development-goalsv2.pdf).

**Richards, M., Sapkota, T., Stirling, C., Thierfelder, C., Verhulst, N., Friedrich, T. & Kienzle, J.** 2014. Conservation agriculture: Implementation guidance for policymakers and investors. Climate-smart agriculture practice brief. Copenhagen, CGIAR Research Program on Climate Change, Agriculture and Food Security. (also available at https://cgspace. cgiar.org/bitstream/handle/10568/42431/Practice%20brief_Conservation%20Agriculture. pdf?sequence=7&isAllowed=y).

**Roy, J., Tschakert, P., Waisman, H., Abdul Halim, S., Antwi-Agyei, P., Dasgupta, P., Hayward, B. et al.** 2018. Sustainable development, poverty eradication and reducing inequalities. In V. Masson-Delmotte, P. Zhai, H.-O. Pörtner, D. Roberts, J. Skea, P.R. Shukla, A. Pirani et al. , eds. Global warming of 1.5 ℃ . An IPCC Special Report on the impacts of global warming of 1.5 ℃ above pre-industrial levels and related global greenhouse gas emission pathways, in the context of strengthening the global response to the threat of climate change, sustainable development, and efforts to eradicate poverty.

**Ruel, M., Quisumbing, A., Balagamwala, M. et al.** 2018. Nutrition-sensitive agriculture: What have we learned so far? Global Food Security (2018), pp. 126, [online]. [Cited 15 August 2019]. https://doi.org/10.1016/j.gfs.2018.01.002.

**Shah, T. & van Koppen, B.** 2006. Is India ripe for integrated water resources management? IWRM: Fitting water policy to national development context. Economic and Political Weekly, XLI(31): 3413–3421.

**SICA.** 2017. The Climate Smart Agriculture Strategy for the SICA region (2018-2030). (also available at http://www.cac.int/sites/default/files/Resumen%20EASAC.%20Ingl%C3%A9s.pdf).

**Sosa-Rubi, S., Walker, D., Serván, E. & Bautista-Arredondo, S.** 2011. Learning effect of a conditional cash transfer programme on poor rural women's selection of delivery care in Mexico. Health Policy and Planning, 26(6): 496-507, [online]. [Cited 15 August 2019]. https:// doi.org/10.1093/heapol/czq085.

**Subbarao, G.V., Arango, J., Masahiro, K., Hooper, A.M., Yoshihashi, T., Ando, Y., Nakahara, K. et al.** 2017. Genetic mitigation strategies to tackle agricultural GHG emissions: The case for biological nitrification inhibition technology. Plant Science, 262, 165–168, [online]. [Cited 15 August 2019]. https://doi.org/10.1016/j.plantsci.2017.05.004.

**Thomas, E., Wickramasinghe, K., Mendis, S., Roberts, N., & Foster, C.** 2015. Improved stove interventions to reduce household air pollution in low and middle income countries: A descriptive systematic review. BMC Public Health,15(1), [online]. [Cited 15 August 2019]. https://doi.org/10.1186/s12889-015-2024-7.

**Thornton, P.K., Rosenstock, T., Förch, W., Lamanna, C., Bell, P., Henderson, B., and Herrero, M.** 2018. A qualitative evaluation of CSA options in mixed crop-livestock systems in developing countries. In L. Lipper et al., eds. Climate-Smart Agriculture: Building resilience to climate change. Rome, FAO.

**Tiedeman, K. & Ghosh, A.** 2018. Conservation challenges for sustainable intensification of agriculture in Africa. Feed the Future Innovation Lab for Collaborative Research on Sustainable Intensification. USAID. [online]. [Cited 15 August 2019]. https://blogs.k-state.edu/siil/2018/06/06/conservation-challenges-for-sustainable-intensification-of-agriculture-in-africa/.

**United Nations.** 2015. Transforming our world: The 2030 Agenda for Sustainable Development. [online]. [Cited 15 August 2019]. https://sustainabledevelopment.un.org/content/documents/21252030%20Agenda%20for%20Sustainable%20 Development%20web.pdf.

**United Nations.** 2017. Voluntary common reporting guidelines for voluntary national reviews at the High-Level Political Forum for Sustainable Development (HLPF). [online]. [Cited 15 August 2019]. https://sustainabledevelopment.un.org/content/documents/17346Updated_Voluntary_ Guidelines.pdf.

**United Nations Development Programme (UNDP).** 2016. Gender equality in national climate action: Planning for gender-responsive Nationally Determined Contributions. New York, USA, UNDP. (also available at www.undp.org/content/undp/en/home/librarypage/womens-empowerment/gender-equality-in-national-climate- action--planning-for-gender-.html).

**United Nations Development Programme, United Nations Environment and Global Environment Facility (UNDP, UNE & GEF).** 2017. National Adaptation Plan process in focus: Lessons from Bangladesh. (also available at https://reliefweb.int/sites/reliefweb.int/files/resources/bangladesh_NAP_country_briefing.pdf).

**UN Statistics Division.** 2018. Capacity development events: National platforms for SDG Reporting. Identifying best practices and solutions. Webpage. [online]. [Cited 15 August 2019]. https://unstats.un.org/unsd/capacity-building/meetings/National_Platforms_for_SDGs.

**UN SDG Knowledge Platform.** 2019. Bangladesh. Webpage. [online]. [Cited 15 August 2019]. https://sustainabledevelopment.un.org/memberstates/bangladesh.

**United Nations University.** 2019. The nexus approach to environmental resource management. Webpage. [online]. [Cited 15 August 2019]. https://flores.unu.edu/en/research/nexus.

**World Bank.** 2016. Climate-Smart Agriculture indicators. World Bank Group Report Number 105162-GLB, Washington, DC.

**World Bank.** 2018. Climate-Smart Agriculture. Webpage. [online]. [Cited 15 August 2019]. http://www.worldbank.org/en/topic/climate-smart-agriculture.

**World Bank.** 2019a. Agriculture, forestry, and fishing, value added (% of GDP). Webpage. [online]. [Cited 15 August 2019]. https://data.worldbank.org/indicator/NV.AGR.TOTL.ZS?name_desc=true.

**World Bank.** 2019b. Climate change knowledge portal country profiles. Webpage. [online]. [Cited 15 August 2019]. https://climateknowledgeportal.worldbank.org/country-profiles.

**World Bank, FAO & IFAD.** 2015. Gender in Climate-Smart Agriculture: Module 18 for the gender in agriculture sourcebook. [online]. [Cited 15 August 2019]. http://documents.worldbank.org/curated/en/654451468190785156/pdf/99505-REVISED-Box393228B-PUBLIC- Gender-and-Climate-Smart-AG-WEB-3.pdf.

# 附录1

## 对照可持续发展目标的气候智慧型农业行动类别和实施步骤的解析

本附录以图示方式呈现了气候智慧型农业-可持续发展目标间相互联系的评估情况，这些联系在第2章解析气候智慧型农业与每个可持续发展目标间潜在的协同与冲突关系中进行了阐述。下面的表格展示了每个可持续发展目标，并列出了作者发现的与气候智慧型农业相互联系的具体目标（基于《方法》中列出的三个气候智慧型农业宗旨和五个实施步骤）。此外，每张表都附有气候智慧型农业活动和可持续发展目标之间关系的描述。应当指出的是，在图中也确定了各种气候智慧型农业宗旨和可持续发展目标之间的一些潜在冲突。本节的互联解析目的与本书第2章的评估相结合，旨在使气候智慧型农业和可持续发展规划者和从业者，从规划的开始就认识到气候智慧型农业与可持续发展目标之间的潜在协同和冲突关系。这可以在规划之初就拥有了增强协同，避免冲突的可能。许多潜在的冲突取决于治理和政策的制定，因此可以通过一种可以协调各部门利益相关者的包容式决策流程来解决。

附表1.1　气候智慧型农业与SDG 1之间的相互联系

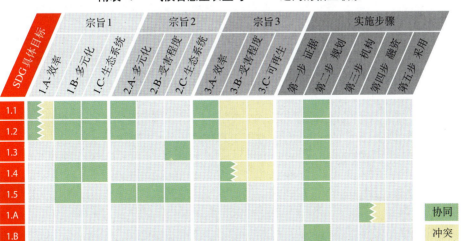

　　几乎所有气候智慧型农业倡议都可以为SDG 1做出贡献，因为增加收入和提高生产率是实现气候智慧型农业的宗旨。当针对的是最贫困的人群时，气候智慧型农业干预措施可以推进SDG 1.1和1.2；当与社会保护措施（例如有条件的现金转移）共同设计时，气候智慧型农业干预措施可以推进SDG 1.3和1.B；SDG 1.4可以得到间接支持——因为增加收入可以增加家庭在基本服务上的支出，也可以通过以改善土地产权为重点的气候智慧型农业措施直接改善。最后，气候智慧型农业投入额外的资金时，可以推动SDG 1.A。

---

## ● 相关的可持续发展目标的具体目标

1.1 到2030年，消除世界各地所有人的极端贫困，目前的衡量标准是每天生活费不足1.25美元的人口。

1.2 到2030年，按各国标准界定的陷入各种形式贫困的各年龄段男女和儿童至少减半。

1.3 执行适合本国国情的全民社会保障制度和措施，包括最低标准，到2030年在较大程度上覆盖穷人和弱势群体。

1.4 到2030年，确保所有男女，特别是低收入群体和弱势群体，享有平等获取经济资源的权利，享有基本服务，获得对土地和其他形式财产的所有权和控制权，继承遗产，获取自然资源、适当的新技术和包括小额信贷在内的金融服务。

1.5 到2030年，增强低收入群体和弱势群体的抵御灾害能力，降低其遭受极端天气事件和其他经济、社会、环境冲击和灾害的概率及易受影响程度。

1.A 确保从各种来源，包括通过加强发展合作充分调集资源，为发展中国家特别是最不发达国家提供充足、可预见的手段以执行相关计划和政策，消除一切形式的贫困。

1.B 根据惠及贫困人口和顾及性别平等问题的发展战略，在国家、区域和国际层面制定合理的政策框架，支持加快对消贫行动的投资。

---

**附表1.2　气候智慧型农业与SDG 2之间的相互联系**

| SDG 具体目标 | 宗旨1 | | | 宗旨2 | | | 宗旨3 | | | 实施步骤 | | | | |
|---|---|---|---|---|---|---|---|---|---|---|---|---|---|---|
| | 1.A-效率 | 1.B-多元化 | 1.C-生态系统 | 2.A-多元化 | 2.B-受害程度 | 2.C-生态系统 | 3.A-效率 | 3.B-受害程度 | 3.C-可再生 | 第一步-证据 | 第二步-规划 | 第三步-机构 | 第四步-融资 | 第五步-采用 |
| 2.1 | 协同 | 协同 | | | | 协同 | | 协同/冲突 | | 协同 | | | | |
| 2.2 | 协同 | 协同 | | | | 协同 | | | | | | | 协同 | |
| 2.3 | | 协同/冲突 | | 协同 | | | 协同 | 协同 | | | | | | |
| 2.4 | 协同 | 协同 | | 协同/冲突 | 协同/冲突 | | 协同 | 协同 | | 协同 | | | | |
| 2.5 | | | | | 协同 | | | | | | | | | |
| 2.A | | | | | | | | | | | | 协同 | | |

协同
冲突

SDG 2是气候智慧型农业可以增加最多价值的目标之一。CSA宗旨1致力于可持续提高粮食体系的生产力（SDG 2.3、2.4、2.5），从而有助于增加粮食供应，这是消除饥饿的重要方面（SDG 2.1）。也就是说，如果气候智慧型农业活动的重点是减少温室气体排放（例如通过造林），可能会因此减少用于农作物生产的土地，特别是对于自给自足的农民。这可能会导致需要与SDG 2.1进行权衡，但可以通过以农林复合为重点的植树造林来解决。多样化的生产系统可以帮助减少饥饿和营养不良（SDG 2.1、2.2），除非多样化的重点是非粮食作物，例如用于减少温室气体排放的生物质能源。气候智慧型农业还可以增加对农业研究和推广的投资（SDG 2.A）。

---

## ● 相关可持续发展目标的具体目标

2.1　到2030年，消除饥饿，确保所有人，特别是低收入群体和弱势群体，包括婴儿，全年都有安全、营养和充足的食物。

2.2　到2030年，消除一切形式的营养不良，包括到2025年实现国际商定的关于5岁以下儿童发育不良和消瘦问题的目标，解决青春期少女、孕妇、哺乳期妇女和老年人的营养需求。

2.3　到2030年，实现农业生产力翻番和小规模粮食生产者，特别是妇女、土著居民、农户、牧民和渔民的收入翻番，具体做法包括确保平等获得土地、其他生产资源和要素、知识、金融服务、市场以及增值和非农就业机会。

2.4　到2030年，确保建立可持续粮食生产体系并执行具有抗灾能力的农作方法，以提高生产力和产量，帮助维护生态系统，加强适应气候变化、极端天气、干旱、洪涝和其他灾害的能力，逐步改善土地和土壤质量。

2.5　到2020年，通过在国家、区域和国际层面建立管理得当、多样化的种子和植物库，保持种子、种植作物、养殖和驯养的动物及与之相关的野生物种的基因多样性；根据国际商定原则获取及公正、公平地分享利用基因资源和相关传统知识产生的惠益。

2.A　通过加强国际合作等方式，增加对农村基础设施、农业研究和推广服务、技术开发、植物和牲畜基因库的投资，以增强发展中国家，特别是最不发达国家的农业生产能力。

附表1.3　气候智慧型农业与SDG 3之间的相互联系

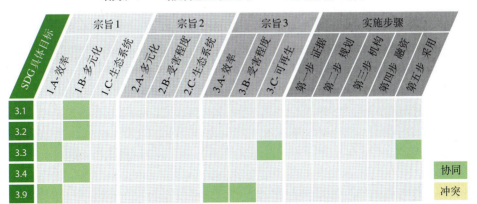

| SDG具体目标 | 宗旨1 | | | 宗旨2 | | | 宗旨3 | | | 实施步骤 | | | | |
| --- | --- | --- | --- | --- | --- | --- | --- | --- | --- | --- | --- | --- | --- | --- |
| | 1.A-效率 | 1.B-多元化 | 1.C-生态系统 | 2.A-多元化 | 2.B-受害程度 | 2.C-生态系统 | 3.A-效率 | 3.B-受害程度 | 3.C-可再生 | 第一步 证据 | 第二步 机划 | 第三步 机构 | 第四步 融资 | 第五步 采用 |
| 3.1 | | 协同 | | | | | | | | | | | | |
| 3.2 | | 协同 | | | | | | | | | | | | |
| 3.3 | | 协同 | | | | | 协同 | | | | | | | 协同 |
| 3.4 | | 协同 | | | | | | | | | | | | |
| 3.9 | | | | | 协同 | 协同 | | | | | | | | |

协同
冲突

气候智慧型农业可以通过改善营养状况来降低孕产妇和儿童的死亡率，以及非传染性疾病的死亡率，特别是通过气候智慧型农业干预而使得动物产品更易获得、饮食更加均衡（SDG 3.1、3.2、3.4）。改善牲畜和粪便管理，以及将健康主题纳入气候智慧型农业农民培训课程中，可以支持控制传染病（SDG 3.3）。通过气候智慧型农业行动，例如虫害综合治理和引进更清洁的炉灶，可以减少空气、水和土壤污染引起的疾病（SDG 3.9）。

- ● **相关可持续发展目标的具体目标**

3.1 到2030年，全球孕产妇每10万例活产的死亡率降至70人以下。

3.2 到2030年，消除新生儿和5岁以下儿童可预防的死亡，各国争取将新生儿每1000例活产的死亡率至少降至12例，5岁以下儿童每1000例活产的死亡率至少降至25例。

3.3 到2030年，消除艾滋病、结核病、疟疾和被忽视的热带疾病等流行病，抗击肝炎、水传播疾病和其他传染病。

3.4 到2030年，通过预防、治疗及促进身心健康，将非传染性疾病导致的过早死亡减少1/3。

3.9 到2030年，大幅减少危险化学品以及空气、水和土壤污染导致的死亡和患病人数。

附表1.4　气候智慧型农业与SDG 4之间的相互联系

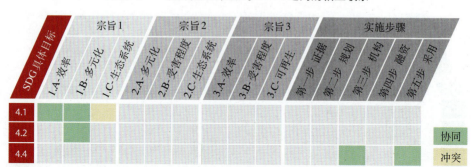

　　气候智慧型农业可以通过改善饮食来支持男孩和女孩获得并完成教育（SDG 4.1、4.2），这对有效学习至关重要。它还可以帮助增加家庭收入，使家庭能够负担学费。但是，如果气候智慧型农业措施需要额外的劳力，则可能使孩子失学，转而参与劳动；这使得气候智慧型农业与同一个可持续发展目标之间产生了冲突。在整个气候智慧型农业实施过程中开展利益相关者（包括政府官员、农民和粮食系统中的其他参与者）的能力提升和培训，有助于成人学习和获得专业技能（SDG 4.4）。

## ● 相关可持续发展目标的具体目标

4.1 到2030年，确保所有男女儿童完成免费、公平和优质的中小学教育，并取得相关和有效的学习成果。

4.2 到2030年，确保所有男女儿童获得优质幼儿发展、看护和学前教育，为他们接受初级教育做好准备。

4.4 到2030年，大幅增加掌握就业、体面工作和创业所需相关技能，包括技术性和职业性技能的青年和成年人数。

# SDG 5：实现性别平等，增强所有妇女和女童的权能

附表1.5 气候智慧型农业与SDG 5之间的相互联系

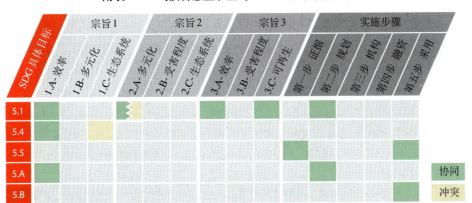

气候智慧型农业做法，例如去中心化的可再生能源系统，代替了生物质能的收集，因此可以减少妇女和女童的劳动力需求，这有助于推进SDG 5.1。但是，如果某些气候智慧型农业措施增加了劳动力需求，则可能需要为同一目标做出权衡取舍。气候智慧型农业举措还可以改善产权，使妇女和女孩受益（SDG 5.1、5.A）。气候智慧型农业实施中的包容性和注重性别问题的流程可以加强妇女对决策的参与（SDG 5.5），并通过气候智慧型农业举措促进妇女平等获得技术（SDG 5.B）。

## ● 相关可持续发展目标的具体目标

5.1 在全球消除对妇女和女童一切形式的歧视。

5.4 认可和尊重无偿护理和家务，各国可视本国情况提供公共服务、基础设施和社会保护政策，在家庭内部提倡责任共担。

5.5 确保妇女全面有效参与各级政治、经济和公共生活的决策，并享有进入以上各级决策领导层的平等机会。

5.A 根据各国法律进行改革，给予妇女平等获取经济资源的权利，以及享有对土地和其他形式财产的所有权和控制权，获取金融服务、遗产和自然资源。

5.B 加强技术特别是信息通信技术的应用，以增强妇女权能。

附表1.6　气候智慧型农业与SDG 6之间的相互联系

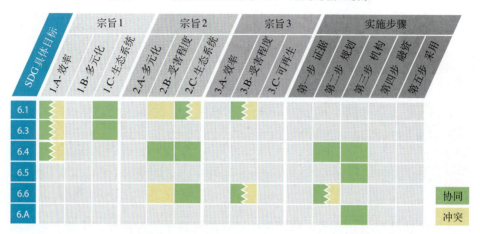

气候智慧型农业活动可以通过改善土壤的水入渗、保持和过滤能力以及采用节水措施来支持普遍获得安全用水（SDG 6.1、6.4）。但是，如果与灌溉有关的措施产生了对水资源的更多需求，它们也可能需要为同一目标做出调整。气候智慧型农业还可以通过提高土壤质量并进行过滤和脱毒来改善水质（SDG 6.3），尽管它也可能通过向系统中输入化合肥料使水质降低。气候智慧型农业可以使水生态系统受益，包括通过恢复和增强保水能力（SDG 6.6）。但是，如果如果生物量增加导致蒸腾量增加等，它可能破坏自然水循环，从而影响下游生态系统。气候智慧型农业活动可以鼓励就与水资源有关的问题进行更全面的规划、协调和能力建设（SDG 6.5、6.A）。

----

- ## 相关可持续发展目标的具体目标

6.1 到2030年，人人普遍且公平获得安全和负担得起的饮用水。

6.3 到2030年，通过以下方式改善水质：减少污染，消除倾倒废物现象，把危险化学品和材料的排放减少到最低限度，将未经处理废水比例减半，大幅增加全球废物回收和安全再利用。

6.4 到2030年，所有行业大幅提高用水效率，确保可持续取用和供应淡水，以解决缺水问题，大幅减少缺水人数。

6.5 到2030年，在各级进行水资源综合管理，包括酌情开展跨境合作。

6.6 到2020年，保护和恢复与水有关的生态系统，包括山地、森林、湿地、河流、地下含水层和湖泊。

6.A 到2030年，扩大向发展中国家提供的国际合作和能力建设资助，帮助它们开展与水和卫生有关的活动和方案，包括雨水采集、海水淡化、提高用水效率、废水处理、水回收和再利用技术。

SDG 7：确保人人获得负担得起的、可靠和可持续的现代能源

附表1.7　气候智慧型农业与SDG 7之间的相互联系

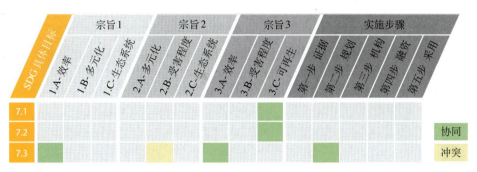

气候智慧型农业可以通过促进可再生能源的使用（SDG 7.2），在农业经营中有效利用能源以及有效使用能源密集型外部投入（SDG 7.3）的举措为SDG 7做出贡献。这样的举措既可以降低生产成本（CSA宗旨1），又可以减少GHG排放量（CSA宗旨3）。此外，为气候智慧型农业开发可再生能源可以为农村地区提供电力（SDG 7.1）。另外，适应措施，例如牲畜棚的冷却系统（CSA宗旨2），可能导致能耗增加和能源效率降低。在农业中高效利用能源，还将在总体上提高生产中的资源利用效率（SDG 8.4和12.2），并有助于减缓气候变化（SDG 13）。

## ● 相关可持续发展目标的具体目标

7.1 到2030年，确保人人都能获得负担得起的、可靠的现代能源服务。

7.2 到2030年，大幅增加可再生能源在全球能源结构中的比例。

7.3 到2030年，全球能效改善率提高1倍。

SDG 8：促进持久、包容和可持续经济增长，促进充分的生产性就业和人人获得体面工作

附表1.8　气候智慧型农业与SDG 8之间的相互联系

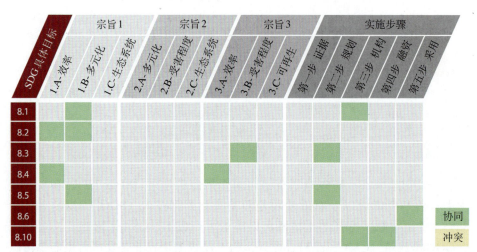

　　通过侧重提高生产力和收入，实现多样化和增加经济收入的机会，气候智慧型农业可以为持续的经济增长和生产率做出贡献（SDG 8.1、8.2）。为了实现经济和环境的可持续目标，气候智慧型农业寻求提高粮食生产中的资源利用效率（SDG 8.4）。气候智慧型农业还促进农业生产活动，例如通过社会保护计划；以及创造体面的工作，例如从可持续森林管理中负责任地采购木材，从而支持包括妇女和青年在内的生产性就业（SDG 8.3、8.5、8.6）。最后，气候智慧型农业干预措施可能涉及国家和地方银行、保险和金融服务机构，从而有助于总体上增强这些机构的能力（SDG 8.10）。

### ● 相关可持续发展目标的具体目标

8.1　根据各国国情维持人均经济增长，特别是将最不发达国家国内生产总值年增长率至少维持在7%。

8.2　通过多样化经营、技术升级和创新，包括重点发展高附加值和劳动密集型行业，实现更高水平的经济生产力。

8.3　推行以发展为导向的政策，支持生产性活动、体面就业、创业精神、创造力和创新；鼓励微型和中小型企业通过获取金融服务等方式实现正规化并成长壮大。

8.4　到2030年，逐步改善全球消费和生产的资源使用效率，按照《可持续消费和生产模式方案十年框架》，努力使经济增长和环境退化脱钩，发达国家应在上述工作中做出表率。

8.5　到2030年，所有男女，包括青年和残疾人实现充分和生产性就业，有体面工作，并做到同工同酬。

8.6　到2020年，大幅减少未就业和未受教育或培训的青年人比例。

8.10　加强国内金融机构的能力，鼓励并扩大全民获得银行、保险和金融服务的机会。

SDG 9: 建造具备抵御灾害能力的基础设施，促进具有包容性的可持续工业化，推动创新

附表1.9　气候智慧型农业与SDG 9之间的相互联系

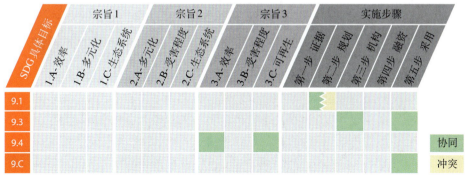

采取气候智慧型农业可能需要建设可持续的基础设施，例如将农民与市场相连的道路或具有气候抵御力的加工和配送中心建设（SDG 9.1）。让食品生产者获得金融服务也通常是气候智慧型农业活动的组成部分（SDG 9.3）。气候智慧型农业所侧重的提高资源利用效率，以及在食品存储和加工中使用可再生能源的活动，有助于使食品行业更具可持续性（SDG 9.4）。气候智慧型农业的实地实施还可能涉及使用信息通讯技术（ICTs）来改善食品生产者获取气候、市场和其他相关信息的途径（SDG 9.C）。

### ● 相关可持续发展目标的具体目标

9.1 发展优质、可靠、可持续和有抵御灾害能力的基础设施，包括区域和跨境基础设施，以支持经济发展和提升人类福祉，重点是人人可负担得起并公平利用上述基础设施。

9.3 增加小型工业和其他企业，特别是发展中国家的这些企业获得金融服务、包括负担得起的信贷机会，将上述企业纳入价值链和市场。

9.4 到2030年，所有国家根据自身能力采取行动，升级基础设施，改进工业以提升其可持续性，提高资源使用效率，更多采用清洁和环保技术及产业流程。

9.C 大幅提升信息和通信技术的普及度，力争到2020年在最不发达国家提供普遍且负担得起的互联网服务。

附表1.10　气候智慧型农业与SDG 10之间的相互联系

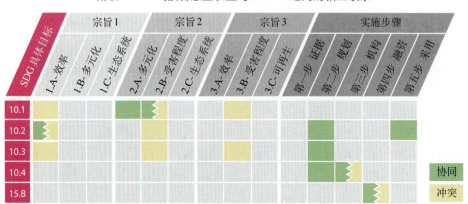

当气候智慧型农业干预的重点在于最贫困和最边缘化的社会成员（例如自给农民，尤其是妇女）时，它们可以有效地提高这些人群的收入、气候韧性和被包容性（SDG 10.1、10.2）。当然，应注意确保植树造林或REDD+等举措不会对最贫困和最边缘化的农民造成负面影响，并且最贫困农民也能够使用气候智慧型农业解决方案。气候智慧型农业可以通过产权正规化等行动来减少不平等现象，并消除歧视性法律（SDG 10.3）。将气候智慧型农业干预措施与社会援助措施结合使用时，气候智慧型农业可采纳社会援助政策（SDG 10.4），例如保险或社会安全网。气候智慧型农业可以成为发展中国家获得官方发展援助的途径（SDG 10.B）。

---

● **相关可持续发展目标的具体目标**

10.1　到2030年，逐步实现和维持最底层40％人口的收入增长，并确保其增长率高于全国平均水平。

10.2　到2030年，增强所有人的权能，促进他们融入社会、经济和政治生活，而不论其年龄、性别、残疾与否、种族、族裔、出身、宗教信仰、经济地位或其他任何区别。

10.3　确保机会均等，减少结果不平等现象，包括取消歧视性法律、政策和做法，推动与上述努力相关的适当立法、政策和行动。

10.4　采取政策，特别是财政、薪资和社会保障政策，逐步实现更大的平等。

10.B　鼓励官方发展援助和财政流动，包括向最需要帮助的国家，特别是最不发达国家、非洲发展中国家、小岛屿发展中国家，以及内陆发展中国家的外国直接投资。

---

附表1.11　气候智慧型农业与SDG 11之间的相互联系

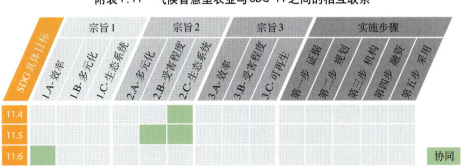

| SDG具体目标 | 宗旨1 | | | 宗旨2 | | | 宗旨3 | | | 实施步骤 | | | | |
| --- | --- | --- | --- | --- | --- | --- | --- | --- | --- | --- | --- | --- | --- | --- |
| | 1.A-效率 | 1.B-多元化 | 1.C-生态系统 | 2.A-多元化 | 2.B-受害程度 | 2.C-生态系统 | 3.A-效率 | 3.B-受害程度 | 3.C-可再生 | 第一步-证据 | 第二步-规划 | 第三步-机构 | 第四步-融资 | 第五步-采用 |
| 11.4 | | | | | | 协同 | | | | | | | | |
| 11.5 | | | | 协同 | 协同 | | | | | | | | | |
| 11.6 | 协同 | | | | | | | | | | | | | |
| 11.A | | | | | | | | | | | 冲突 | | | |

协同
冲突

通过推广全球重要农业遗产系统（SDG 11.4）等方式，气候智慧型农业可以帮助保护世界的自然和文化遗产。通过努力建立农业系统的抗灾能力，SDG 11.5可以通过增强农业系统的抵御力而得到推进，从而减少与灾害相关的经济损失和毁坏。气候智慧型农业活动可以减少城市对环境的负面影响，例如对城市生产的有机材料进行堆肥并用于周边农场。这可以是城市减缓气候变化或适应计划（SDG 11.6、11.B）的一部分。

### ● 相关可持续发展目标的具体目标

11.4 进一步努力保护和捍卫世界文化和自然遗产。

11.5 到2030年，大幅减少包括水灾在内的各种灾害造成的死亡人数和受灾人数，大幅减少上述灾害造成的与全球国内生产总值有关的直接经济损失，重点保护穷人和处境脆弱群体。

11.6 到2030年，减少城市的人均负面环境影响，包括特别关注空气质量，以及城市废物管理等。

11.A 通过加强国家和区域发展规划，支持在城市、近郊和农村地区之间建立积极的经济、社会和环境联系。

附表1.12　气候智慧型农业与SDG 12之间的相互联系

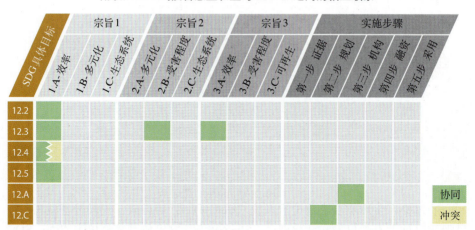

气候智慧型农业可以促进粮食生产的资源可持续管理和有效利用，包括废物的循环利用以及环境友好的农用化学品管理（SDG 12.2、12.5、12.4）。减少和避免粮食损失（SDG 12.3），特别是在收获后和存储的过程中，这是气候智慧型农业方法的重要组成部分，因为食物损失会转化为非生产性资源使用引起的温室气体排放，同时减少了可供家庭食用或出售的粮食。气候智慧型农业的实施还可能涉及研究机构在可持续生产模式方面的能力建设（SDG 12.A），以及对低效化石燃料补贴的重新设计（SDG 12.C）。

### ● 相关可持续发展目标的具体目标

12.2 到2030年，实现自然资源的可持续管理和高效利用。

12.3 到2030年，将零售和消费环节的全球人均粮食浪费减半，减少生产和供应环节的粮食损失，包括收获后的损失。

12.4 到2020年，根据商定的国际框架，实现化学品和所有废物在整个存在周期的无害环境管理，并大幅减少它们排入大气以及渗漏到水和土壤的机率，尽可能降低它们对人类健康和环境造成的负面影响。

12.5 到2030年，通过预防、减排、回收和再利用，大幅减少废物的产生。

12.A 支持发展中国家加强科学和技术能力，采用更可持续的生产和消费模式。

12.C 对鼓励浪费性消费的低效化石燃料补贴进行合理化调整，为此，应根据各国国情消除市场扭曲，包括调整税收结构，逐步取消有害补贴，以反映其环境影响，同时充分考虑发展中国家的特殊需求和情况，尽可能减少可能对其发展产生的不利影响并注意保护穷人和受影响社区。

SDG 13：采取紧急行动以应对气候变化及其影响

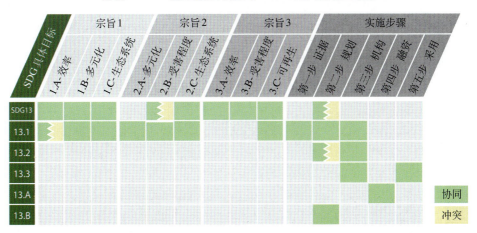

附表1.13　气候智慧型农业与SDG 13之间的相互联系

任何注重提高气候韧性或适应能力的气候智慧型农业行动（气候智慧型农业方法的三大宗旨之一）都将在SDG 13.1领域的政策和机构层面得到推进。应当指出，与减少温室气体排放有关的气候智慧型农业行动是在可持续发展目标的具体目标水平上制定的（SDG 13），因为在具体目标中没有明确说明减缓气候变化的行动。由于气候智慧型农业被建议纳入国家计划流程和政策中，并且气候智慧型农业措施的一部分是机构能力建设，SDG 13.2和13.3通常会通过气候智慧型农业得到推进。捐助国向发展中国家提供的任何气候智慧型农业资金，以及由气候智慧型农业资金直接利用的私人气候资金，都可以支持SDG 13.A。任何致力于建设小岛发展中国家和最不发达国家能力的气候智慧型农业工作，都可以推进可持续发展目标13.B。

## ● 相关可持续发展目标的具体目标

13.1　加强各国抵御和适应气候相关的灾害和自然灾害的能力。

13.2　将应对气候变化的举措纳入国家政策、战略和规划。

13.3　加强气候变化减缓、适应、减少影响和早期预警等方面的教育和宣传，增强人员和机构在此方面的能力。

13.A　发达国家履行在《联合国气候变化框架公约》下的承诺，即到2020年，每年从各种渠道共同筹资1 000亿美元，满足发展中国家的需求，帮助其切实开展减缓行动，提高履约的透明度，并尽快向绿色气候基金注资，使其全面投入运行。

13.B　促进在最不发达国家和小岛发展中国家建立增强能力的机制，帮助其进行与气候变化有关的有效规划和管理，包括重点关注妇女、青年、地方社区和边缘化社区。

附表1.14　气候智慧型农业与SDG 14之间的相互联系

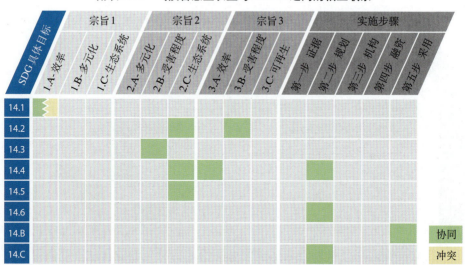

| SDG具体目标 | 宗旨1 | | | 宗旨2 | | | 宗旨3 | | | 实施步骤 | | | | |
| --- | --- | --- | --- | --- | --- | --- | --- | --- | --- | --- | --- | --- | --- | --- |
| | 1.A-效率 | 1.B-多元化 | 1.C-生态系统 | 2.A-多元化 | 2.B-受害程度 | 2.C-生态系统 | 3.A-效率 | 3.B-受害程度 | 3.C-可再生 | 第一步 证据 | 第二步 规划 | 第三步 机构 | 第四步 融资 | 第五步 采用 |
| 14.1 | 冲突 | | | | | | | | | | | | | |
| 14.2 | | | | | 协同 | | | | | | | | | |
| 14.3 | | | | 协同 | | | | | | | | | | |
| 14.4 | | | | | 协同 | 协同 | | | | | | 协同 | | |
| 14.5 | | | | | 协同 | | | | | | | | | |
| 14.6 | | | | | | | | | | | | 协同 | | |
| 14.B | | | | | | | | | | | | | 协同 | |
| 14.C | | | | | | | | | | | | 协同 | | |

协同　冲突

　　与CSA宗旨1一致，对作物、牲畜和水产养殖系统中养分的可持续管理可以减少养分流失和海洋污染（SDG 14.1），尽管气候智慧型农业存在不受控制的集约化经营，并导致相关负面影响的风险。气候智慧型农业活动致力于发展可持续和有韧性的鱼类资源和海洋生态系统，包括促进《可持续渔业行为守则》和国际海洋法，管制过度捕捞和捕捞船队能力过剩，红树林管理和保护海洋地区，支持SDG 14.2、14.4、14.5、14.6和14.C。在水产养殖中，气候智慧型农业的适应策略是推广耐酸物种应对海洋的酸化（SDG 14.3）。将食品生产商与市场联系起来是CSA宗旨1对增加收入和改善生计的关注方面之一，这可以促进SDG14.B。

● 相关可持续发展目标的具体目标

14.1　到2025年，预防和大幅减少各类海洋污染，特别是陆上活动造成的污染，包括海洋废弃物污染和营养盐污染。

14.2　到2020年，通过加强抵御灾害能力等方式，可持续管理和保护海洋和沿海生态系统，以免产生重大负面影响，并采取行动帮助它们恢复原状，使海洋保持健康，物产丰富。

14.3　通过在各层级加强科学合作等方式，减少和应对海洋酸化的影响。

14.4　到2020年，有效规范捕捞活动，终止过度、非法、未报告和无管制的捕捞活动以及破坏性捕捞做法，执行科学的管理计划，以便在尽可能短的时间内使鱼群量至少恢复到其生态特征允许的，能产生最高可持续产量的水平。

14.5　到2020年，根据国内和国际法，并基于现有的最佳科学资料，保护至少10%的沿海和海洋区域。

14.6 到2020年，禁止某些助长过剩产能和过度捕捞的渔业补贴，取消助长非法、未报告和无管制捕捞活动的补贴，避免出台新的这类补贴，同时承认给予发展中国家和最不发达国家合理、有效的特殊和差别待遇，应是世界贸易组织渔业补贴谈判的一个不可或缺的组成部分。

14.B 向小规模个体渔民提供获取海洋资源和市场准入机会。

14.C 按照《我们希望的未来》第158段所述，根据《联合国海洋法公约》所规定的保护和可持续利用海洋及其资源的国际法律框架，加强海洋和海洋资源的保护和可持续利用。

SDG 15：保护、恢复和促进可持续利用陆地生态系统，可持续管理森林，防治荒漠化，制止和扭转土地退化，遏制生物多样性的丧失

附表1.15　气候智慧型农业与SDG 15之间的相互联系

| SDG具体目标 | 宗旨1 | | | 宗旨2 | | | 宗旨3 | | | 实施步骤 | | | | |
| --- | --- | --- | --- | --- | --- | --- | --- | --- | --- | --- | --- | --- | --- | --- |
| | 1.A-效率 | 1.B-多元化 | 1.C-生态系统 | 2.A-多元化 | 2.B-受害程度 | 2.C-生态系统 | 3.A-效率 | 3.B-受害程度 | 3.C-可再生 | 第一步 证据 | 第二步 规划 | 第三步 机构 | 第四步 融资 | 第五步 采用 |
| 15.1 | 冲突 | | | 协同 | | | | | | | 冲突 | | | |
| 15.2 | | | 协同 | | | | | | | | 协同 | | | |
| 15.3 | | | 协同 | | 协同 | | | | | | 协同 | | | |
| 15.4 | | | 协同 | | | | | | | | 冲突 | | | |
| 15.5 | 冲突 | | 协同 | | | | | | | | 协同 | | | |
| 15.6 | | | | | 协同 | | | | | | | 协同 | | |
| 15.9 | | | | | 协同 | | | | | | 协同 | | | |
| 15.A | | | | | | | | | | | | | 协同 | |
| 15.B | | | | | | | | | | | | | 协同 | |

**协同**　**冲突**

　　尽管可持续集约化可能导致耕地本身的生物多样性减少，但符合CSA宗旨1可持续要求的气候智慧型农业活动，通常会支持生态系统的可持续利用和保护，并增强生态系统服务和生物多样性（15.1、15.5）。造林、再造林和可持续森林管理实践可以为气候智慧型农业的所有三大宗旨做出贡献，并推动实现SDG 15.2。许多气候智慧型农业措施，例如可持续的放牧管理，退化牧场的修复和农林复合，都可以促进退化土地的恢复（SDG 15.3）和山区生态系统保护（SDG 15.4）。通过气候智慧型农业举措促进国家研究机构和粮食生产者获取遗传资源进行品种选育，可以为SDG 15.6提供支持。通过将生态系统保持和恢复以及生态系统服务增强纳入与气候智慧型农业有关的规划中，可以促进这种价值观在农业部门的规划中得到体现（SDG 15.9），并在气候智慧型农业筹集的资源与生态系统和生物多样性保护之间产生协同作用（SDG 15.A、15.B）。

● **相关可持续发展目标的具体目标**

15.1　到2020年，根据国际协议规定的义务，保护、恢复和可持续利用陆地和内陆的淡水生态系统及其服务，特别是森林、湿地、山麓和旱地。

15.2　到2020年，推动对所有类型森林进行可持续管理，停止毁林，恢复退化的森林，大幅增加全球植树造林和重新造林。

15.3　到2030年，防治荒漠化，恢复退化的土地和土壤，包括受荒漠化、干旱和洪涝影响的土地，努力建立一个不再出现土地退化的世界。

15.4 到2030年，保护山地生态系统，包括其生物多样性，以便加强山地生态系统的能力，使其能够带来对可持续发展必不可少的益处。

15.5 采取紧急重大行动来减少自然栖息地的退化，遏制生物多样性的丧失；到2020年，保护受威胁物种，防止其灭绝。

15.6 根据国际共识，公正和公平地分享利用遗传资源产生的利益，促进适当获取这类资源。

15.7 采取紧急行动，终止偷猎和贩卖受保护的动植物物种，处理非法野生动植物产品的供求问题。

15.8 到2020年，采取措施防止引入外来入侵物种，并大幅减少其对土地和水域生态系统的影响，控制或消灭其中的重点物种。

15.9 到2020年，把生态系统和生物多样性价值观纳入国家和地方规划、发展进程、减贫战略和核算。

15.A 从各种渠道动员并大幅增加财政资源，以保护和可持续利用生物多样性和生态系统。

15.B 从各种渠道大幅动员资源，从各个层级为可持续森林管理提供资金支持，并为发展中国家推进可持续森林管理，包括保护森林和重新造林，提供充足的激励措施。

SDG 16：创建和平、包容的社会，以促进可持续发展，让所有人都能诉诸司法，在各种层面建立有效、负责和包容的机构

附表1.16　气候智慧型农业与SDG 16之间的相互联系

| SDG具体目标 | 宗旨1 | | | 宗旨2 | | | 宗旨3 | | | 实施步骤 | | | | |
| --- | --- | --- | --- | --- | --- | --- | --- | --- | --- | --- | --- | --- | --- | --- |
| | 1.A-效率 | 1.B-多元化 | 1.C-生态系统 | 2.A-多元化 | 2.B-受害程度 | 2.C-生态系统 | 3.A-效率 | 3.B-受害程度 | 3.C-可再生 | 第一步 证据 | 第二步 规划 | 第三步 机构 | 第四步 融资 | 第五步 采用 |
| 16.6 | | | | | | | | | | | | 协同 | | |
| 16.7 | | | | | | | | | | | | 协同 | | |
| 16.B | | | | | | | | | | | 协同 | | | |

协同

冲突

　　气候智慧型农业方法通常要求开展机构能力建设，创建机构间的协调机制，这可以提高与气候智慧型农业有关治理过程的效率、问责制和透明度（SDG 16.6）。气候智慧型农业实施还鼓励并支持参与性过程，以及利益相关者团体自身管理和参与决策的能力（SDG 16.7）。气候智慧型农业可以通过例如编纂产权声明（SDG 16.B）等方式来促进非歧视性法律和政策的建立。

### ● 相关可持续发展目标的具体目标

16.6 在各个层面建立有效、负责和透明的机构。

16.7 确保各个层面的决策反应迅速，具有包容性、参与性和代表性。

16.8 扩大和加强发展中国家对全球治理机构的参与。

附表1.17　气候智慧型农业与SDG 17之间的相互联系

| SDG具体目标 | 宗旨1 | | | 宗旨2 | | | 宗旨3 | | | 实施步骤 | | | | |
| --- | --- | --- | --- | --- | --- | --- | --- | --- | --- | --- | --- | --- | --- | --- |
| | 1.A-效率 | 1.B-多元化 | 1.C-生态系统 | 2.A-多元化 | 2.B-受害程度 | 2.C-生态系统 | 3.A-效率 | 3.B-受害程度 | 3.C-可再生 | 第一步 证据 | 第二步 规划 | 第三步 机构 | 第四步 融资 | 第五步 采用 |
| 17.3 | | | | | | | | | | | | | 协同 | |
| 17.14 | | | | | | | | | | | 协同 | | | |
| 17.17 | | | | | | | | | | | 协同 | 冲突 | | |

协同
冲突

　　气候智慧型农业，特别是气候融资，为发展中国家提供了筹集更多资源的途径（SDG 17.3）。气候智慧型农业方法所推进的跨部门协调和参与性计划流程，尤其是在气候智慧型农业与可持续发展目标之间可能存在协同关系情况下，有助于增强可持续发展政策的一致性（SDG 17.14）。此外，由于伙伴关系对于气候智慧型农业的成功实施至关重要，因此气候智慧型农业还可以推进SDG 17.17。

### ● 相关可持续发展目标的具体目标

17.3　从多渠道筹集额外财政资源用于发展中国家。

17.14 增强可持续发展政策的一致性。

17.17 借鉴伙伴关系的经验和筹资战略，鼓励和推动建立有效的公共、公私和民间社会伙伴关系。

# 附录2

## 气候智慧型农业－可持续发展目标相互联系的汇总表

### 附表2.1　气候智慧型农业－可持续发展目标相互联系的解析

表显示：

（1）确定了与气候智慧型农业相互联系的每个可持续发展目标的份额；

（2）与气候智慧型农业宗旨和气候智慧型农业实施过程存在协同或冲突关系的每个可持续发展目标的具体目标。

| SDG | | SDG 1 | SDG 2 | SDG 3 | SDG 4 | SDG 5 | SDG 6 | SDG 7 | SDG 8 | SDG 9 | SDG 10 | SDG 11 | SDG 12 | SDG 13 | SDG 14 | SDG 15 | SDG 16 | SDG 17 |
|---|---|---|---|---|---|---|---|---|---|---|---|---|---|---|---|---|---|---|
| 具体目标间协同 | | 7/7 | 6/8 | 5/13 | 3/10 | 5/9 | 6/8 | 3/5 | 7/12 | 4/8 | 5/10 | 4/10 | 6/11 | 5/5 | 8/10 | 9/12 | 3/12 | 3/19 |
| 具体目标间冲突 | | 5/7 | 4/8 | 0/13 | 1/10 | 2/9 | 4/8 | 1/5 | 0/12 | 1/8 | 5/10 | 0/10 | 1/11 | 3/5 | 1/10 | 4/12 | 0/12 | 0/19 |
| 宗旨1 | 协同 | 1.1 1.2 1.4 1.5 | 2.1 2.2 2.3 2.4 | 3.1 3.2 3.3 3.4 3.9 | 4.1 4.2 | 5.1 5.4 5.A | 6.1 6.3 6.4 | 7.3 | 8.1 8.2 8.4 8.5 | | 10.2 | 11.6 | 12.2 12.3 12.4 12.5 | SDG13 13.1 | 14.1 | 15.1 15.3 15.5 | | |
| 宗旨1 | 冲突 | 1.1 1.2 | | | 4.1 | 5.4 | 6.1 6.3 6.4 | | | | 10.1 10.2 10.3 | | 12.4 | 13.1 | 14.1 | 15.1 15.5 | | |
| 宗旨2 | 协同 | 1.1 1.2 1.3 1.5 | 2.1 2.2 2.3 2.4 2.5 | | | 5.1 | 6.1 6.4 6.6 | | | | 10.1 | 11.4 11.5 | 12.3 | SDG13 13.1 | 14.2 14.3 14.4 14.5 | 15.1 15.2 15.3 15.4 15.6 | | |
| 宗旨2 | 冲突 | | 2.3 2.4 | | | 5.1 | 6.1 6.6 | 7.3 | | | 10.1 10.2 10.3 | | | SDG13 | | 15.1 | | |
| 宗旨3 | 协同 | 1.1 1.2 1.4 1.5 | 2.1 2.2 2.3 2.4 | 3.3 3.9 | | 5.1 | 6.1 6.6 | 7.1 7.2 7.3 | 8.3 8.4 | 9.4 | | | 12.3 | SDG13 13.1 | 14.2 14.4 | 15.1 15.2 15.3 | | |
| 宗旨3 | 冲突 | 1.1 1.2 1.3 1.4 | 2.1 2.2 | | | | 6.1 6.6 | | | | 10.1 10.3 | | | | | | | |
| 实施 | 协同 | 1.1 1.2 1.3 1.4 1.5 1.A 1.B | 2.1 2.2 2.3 2.4 2.A | 3.3 | 4.4 | 5.1 5.5 5.A 5.B | 6.4 6.5 6.6 6.A | 7.3 | 8.1 8.3 8.5 8.6 8.10 | 9.1 9.3 9.C | 10.2 10.3 10.4 10.B | 11.A | 12.A 12.C | SDG13 13.1 13.2 13.3 13.A 13.B | 14.4 14.6 14.B 14.C | 15.1 15.2 15.3 15.4 15.5 15.6 15.9 15.A 15.B | 16.6 16.7 16.B | 17.3 17.14 17.17 |
| 实施 | 冲突 | 1.A | | | | | 6.6 | | | 9.1 | 10.4 10.8 | | | SDG13 13.2 | | 15.1 15.2 15.4 15.5 | | |

## 国家案例研究

本文研究了以下三个国家的案例，为国家层面通过实施气候智慧型农业来实现可持续发展目标和国家自主贡献目标提供具体的参考信息和例子，作为相同或相似的文献证据的补充。这些案例研究主要侧重孟加拉国、厄瓜多尔和埃塞俄比亚，是通过采访负责实施气候智慧型农业、《巴黎协定》和可持续发展目标议程的政府部门代表而完成的。在孟加拉国，我们还采访了非政府组织代表。这些访谈所收集的信息，为这三个国家的公开文件数据提供了补充。案例的研究结构与前文中指南结构相类似，即先对每个国家气候智慧型农业、可持续发展目标和国家自主贡献的实施情况进行概述，然后介绍其在证据库扩展、资助扶持性政策框架和计划、加强国家和地方机构的能力建设、改善融资方案、强化实地实施，以及监测、评估和报告方面的经验。[①]

### 附3.1 孟加拉国案例研究

#### （1）孟加拉国的气候智慧型农业、可持续发展目标和国家自主贡献实施概述

孟加拉国的农业仍然主要以自给自足为主，并以小规模和边缘化农民为主导。然而，近年来，商业化农业以及高价值农作物、渔业和动物产品的生产正在大幅上升。实际上，过去五年来孟加拉国90%的农村脱贫都可以归功于农业收入的增加（CIAT，2017）。尽管该国已做出了这些努力，孟加拉国政府（GoB）估计，气候变化将在2005—2050年使其农业GDP每年下降3.1%（GoB，2017a）。农业生产极易受到气候变动和变化的影响。对该国来说，海平面上升和风暴潮带来的盐碱化是一项重大挑战，特别是因为诸多小农生活在地势低洼、易发生洪涝灾害的三角洲。该国实施的支持气候适应的气候智慧型农业干预措施包括：推广传统的浮田系统（Sorjan系统），即在地势高的土床上进行农作物生产，并在土床间交错的沟渠中种养耐淹的农作物和鱼类、立体花园以及浮床养殖（CIAT，2017）。孟加拉国最大的农业温室气体排放源是灌溉稻田，这是由于该国非常依赖稻米生产，并且拥有丰富的水资源。近年来，采取了各种干预措施后，农民越来越多地采用干湿交替的方式来减少这些温室

---

① 应该注意的是，案例研究中并未讨论所有的实施步骤。相反，重点是讨论相应国家最有经验的举措。

气体排放（CIAT，2017）。孟加拉国面临的与农村贫困、脆弱性和农业相关排放有关的多重现实挑战，导致该国全方位地追求实施气候智慧型农业。

就可持续发展目标而言，该国已经在其优先领域取得了重大进展。在全球商定的244个指标中，孟加拉国将其中39个（涵盖所有17个目标）作为优先选项。其中的许多指标直接取自全球清单，但对其中的另一些，孟加拉国对全球指标进行了调整，以更好地反映本国国情。应当指出，在目标13下，孟加拉国仅侧重于可持续发展目标指标13.1.1，并设定为"将因灾害造成的死亡、失踪和直接受影响的人数减少到每10万人口中的1 500人"（GoB，2017b）。孟加拉国参加了2017年高级别政治论坛的国家自愿审查，并在2020年继续参加了这一审查（联合国可持续发展目标知识平台，2019）。

尽管孟加拉国对农业非常重视，而且该部门在国民经济中处于核心地位，但是农业在该国第一个国家自主贡献中的地位并不突出。如该国的国家自主贡献实施路线图（GoB，2017a）所述，这主要是因为目前农业不存在可靠的基线（排放）数据。在其国家自主贡献中，孟加拉国只是承诺"截至2030年，仅使用国内资源，将电力、工业和运输部门的温室气体排放量比'一切照常'排放量减少5%；若从发达国家获得了足够的相关支持，则减少15%"（GoB，2015a）。但是，孟加拉国正在考虑采取行动，如果收到资金的话，将减少农业排放，并在考虑如何将农业纳入其下一个国家自主贡献的减缓部分（GoB，2017a）。农业，尤其是耐胁迫（干旱、盐碱、洪水）品种的改良和种植，在该国国家自主贡献的适应部分已经被提及，这些农业措施主要通过该国新颁布的国家适应计划（NAP）进程来实施。[1]政府为确保其NDC-NAP议程的一致性，建立了NDC-NAP实施协调委员会，对国家自主贡献的气候适应和减缓进行协调（GoB，2017a）。

**（2）证据库扩展**

迄今为止，尽管孟加拉国已经实施了FAO建议的气候智慧型农业证据库扩展中的部分流程，但是，并不能确定该国的这些努力是否是采用气候智慧型农业同可持续发展目标及NDC-NAP整合的方式进行的。该国数据库扩展的第一步行动是参与孟加拉国农业研究理事会牵头的基线数据收集。基线调查是收集数据的工具之一，而政府希望从数据收集和分析中获得的成果之一是气候智慧型农业所需的财政资助水平。该数据收集流程仍处于起步阶段，目前的数据还不能完全为决策提供依据（M.Saifullah，个人交流，2019）。[2]2018年该国政府在可持续发展目标实施进度的报告中指出，数据不

---

① 应该指出的是，孟加拉国国家自主贡献的三个优先部门（电力、工业和交通运输）的部门实施计划的确包含了适应措施。

② 孟加拉国案例研究的受访者包括：Abdur Rouf女士（农业部政策、计划和协调副秘书长），Saifullah女士（孟加拉国农业研究理事会首席科学官），Sirajul Islam女士（BRAC农业和粮食安全计划负责人）。

足已成为影响监测可持续发展目标相关进度的主要障碍，并呼吁联合国机构和其他发展伙伴资助该国，增强这一能力（GoB，2018）。尽管该可持续发展目标数据收集能力（无论是对于基线数据还是正在进行的监测）未必专门关注了气候智慧型农业，但可以假定，与可持续发展目标数据相关的监测能力不足是该国政府面临的系统性问题。

孟加拉国已经对农业部门的脆弱性进行了部分评估，由环境、森林与气候变化部（GoB MoEFCC）进行（MA Rouf，2019）。此外，作为向《气候公约》提交的第二次国家信息通报的一部分（2012），孟加拉国进行了气候影响和脆弱性评估，包括对农业等优先部门的评估（UNDP, UNE and GEF，2017）。

**（3）资助扶持性政策框架和计划**

在孟加拉国，气候智慧型农业的实施以及与实现可持续发展目标和国家自主贡献目标相关的工作受到两个主要政策文件和相关流程的约束，即五年计划（FYP），该国总体经济增长和发展计划流程；以及专门针对气候变化的孟加拉国气候变化战略与适应计划（BCCSAP）。随着可持续发展目标和《巴黎协定》谈判的进程，该国正在制定第七个五年计划（7FYP；2015—2020），这为该国提供了将这些国际议程无缝纳入发展计划的机会（GoB，2017c）。第七个五年计划涵盖了许多关于减缓和适应的重点活动，包括增进对低碳发展的认识；增强关键机构之间的能力建设，以及协调和沟通；促进政府采取整体措施应对气候变化；以及鼓励创新和研究（GoB，2017a）。7FYP的实施，需要在该计划所管辖的13个部门中分别制定各自的部门行动计划，其中包括农业。负责协调国家自主贡献实施的GoB MoEFCC与负责监督7FYP实施的国家计划

© 粮农组织/Karina Cortes

委员会密切合作,以确保将气候因素纳入整个7FYP的部门行动计划中(GoB,2017a)。BCCSAP出台于2009年,是该国国家自主贡献和相关NAP流程以及7FYP中气候工作的基础。BCCSAP包括6个核心部分(5个与适应和能力建设相关,一个与低碳发展相关),其中一个以粮食安全为重点。它包括44个计划和145个项目,其中几个与农业生产系统有关(GoB,2017a)。

目前,孟加拉国还没有独立的气候智慧型农业战略(M. Saifullah,个人交流,2019)。但是,气候智慧型农业作为一种综合方法及其组成部分,在7FYP和BCCSAP中都占有重要地位。例如,7FYP下农业部门的发展愿景是"通过可持续集约化和适应气候变化的农业系统的多样化,来确保粮食和营养安全",该计划还提到了该国致力于减少农业排放的承诺。7FYP规划的部门目标是通过更有效和平衡地利用土地、水和其他资源,来确保可持续的农业增长,同时认真解决气候变化问题,尤其是增强当地社区的抗灾能力(GoB,2015b)。此外,该国政府批准了《2018年农业政策》,该政策的重点是将气候变化问题纳入农业部门的核心(M.A. Rouf,个人交流,2019),并明确地与可持续发展目标和国家自主贡献目标建立联系,包括使用其中一些可持续发展目标的优先目标(M. Saifullah,个人交流,2019)。

### (4)加强国家和地方机构的能力建设

孟加拉国作出了巨大努力以确保能采取统一的整体政府方法来实施可持续发展目标及其国家自主贡献,而刚刚起步的与气候智慧型农业相关的努力也为其做出了贡献。除了有总理办公室和计划委员会来领导实施可持续发展目标议程,GoB MoEFCC在领导实施NDC-NAP议程,相关部委也积极参与这些议程,并根据主题领域和任务授权适当地委托实施。农业部(GoB MoA)牵头实施可持续发展目标2(消除饥饿,实现粮食安全,改善营养状况和促进可持续农业),在推进其中5个目标中发挥领导作用,共同领导了4个目标,并在16个目标上担任助理角色(MA Rouf,个人交流,2019)。对于可持续发展目标和国家自主贡献议程中的气候智慧型农业,GoB MoA与GoB MoEFCC及渔业与畜牧部就此进行了密切合作(M. Saifullah,个人交流,2019)。

在执行和监督可持续发展目标方面,孟加拉国总理设立了一个由20个部委的秘书组成的部际委员会,以协调各方努力。总理办公室新设的一个高层职位:首席协调员(可持续发展目标事务),负责领导该委员会。规划部的总经济司负责该委员会秘书处,并协调政策层面的实施、监测和报告工作。该委员会负责使可持续发展目标与孟加拉国国情相吻合,并通过与相关部委合作来制定具体目标,并将这些目标纳入部门规划的主要工作中。该委员会每半年向内阁报告进展情况(GoB,2018)。国家自主贡献的发展由总理府领导,下属包括所有相关部委,例如GoB MoA(M. Saifullah,个人交流,2019)。为了开展相关工作，政府成立了NDC-NAP咨询委员会，每季度开会一次。它由GoB MoEFCC秘书主持，几乎所有部委的高级代表都参与其中，包括GoB MoA（M. Saifullah，个人交流，2019）。此外，孟加拉国还成立了一个NDC-NAP协调委员会，负责咨询委员会秘书处，并担任《联合国气候变化框架公约》的联络人。协调委员会由与咨询委员会相同部门工作层面的代表组成（GoB，2017a）。为了在国家层面的综合努力实现可持续发展目标及其国家自主贡献目标的情景下实施气候智慧型农业，这些类型的部际协调至关重要，以确保在气候智慧型农业三大宗旨之间，以及在气候智慧型农业、可持续发展目标和国家自主贡献之间加强协同作用并减少冲突。

与非国家行动者（民间组织与私企）合作：在允许利益相关者参与所有国家发展计划和政策流程的同时，孟加拉国在允许非国家行动者参与可持续发展目标进程方面取得了重要进展，进一步与NDC-NAP议程优先事项和气候智慧型农业在内的其他发展工作紧密结合。即使只是国家在为可持续发展目标谈判流程所做的准备中，也涉及了诸多利益相关者，例如国家层面的专家、民间代表、私营部门和合作伙伴。这种让所有利益相关者都积极参与的模式，在政府开始实施相关计划后仍在继续。政府定期与非政府组织、少数民族、劳工协会和职业团体、妇女网络和媒体代表进行磋商，其目的是为了提高人们对可持续发展目标议程的认识、承诺和参与。鉴于私营部门在实现可持续发展目标中所起的关键作用（GoB，2018），政府部门特别需要注意与这些利益相关团体互动。例如，政府已努力允许私营部门为小农户提供小额保险（World Bank，FAO and IFAD，2018）。该国政府用来与非官方行动者交流的一种途径是通过总理办公室的非政府组织局。这一组织的目的是未来执行某些可持续发展目标和国家自主贡献的优先事宜，然后让在该国工作的非政府组织参与开展相关活动。相反，非政府组织也可以通过国家政府获得资金支持来实施相关计划（M. Saifullah，2019）。如本书指南部分所述，鉴于气候智慧型农业涉及的问题广泛，这种多利益相关方参与的方式对于气候智慧型农业的成功实施至关重要。非官方行动者通常可以带来政府无法自行提供的各种观点和联络。

### （5）强化实地实施

GoB处于实施气候智慧型农业项目的初期，但随着气候智慧型农业努力的扩大，有望利用其在农业和农村发展项目实施方面的悠久历史，并与气候智慧型农业项目结合。已经有一些初步证据表明农业发展干预措施与可持续发展目标的其他优先事项（例如孕产妇保健）共同实施（M.A. Rouf，个人交流，2019）。农业发展项目由该国农业部的农业推广部实施，该部在全国64个地区设有460个办事处。推广人员根据重点主题，使用不同的组织技巧

（M. Saifullah，个人交流，2019）。如果非政府组织在特定活动上拥有更高的影响力或专业知识，则政府推广服务机构通常会与非政府组织合作以传播技术。

孟加拉国农村发展委员会（BRAC）是推进气候智慧型农业议程的主要非政府组织之一，它是一个在孟加拉国以及亚洲和非洲其他10个国家开展业务的非政府组织。BRAC的实施方法是着重在社区级别组建小组，在12公顷的土地上组织50位农民，并教他们如何实施气候智慧型农业做法。每个农民将在这12公顷土地上实施一种或两种气候智慧型农业措施，然后附近的农民（不论性别）将被邀请来了解气候智慧型农业方法，从而进一步传播知识和实践。BRAC有时会就特定的干预措施与政府明确合作，但通常，该非政府组织和政府会围绕相同任务单独开展活动（S. Islam，个人交流，2019）。

**（6）监测、评估和报告**

孟加拉国政府没有独立的气候智慧型农业监测和评估系统，但是在实施可持续发展目标或NDC-NAP议程的过程中，如果包含气候智慧型农业，气候智慧型农业的绩效可通过它们这些监测和评估系统获得。对于可持续发展目标的监测和评估，政府已制定了一个框架，以跟踪到2030年的进展。该框架包括可获得数据的39个优先指标的基准数据，以及包括2020与2025年两个时间节点的2030年目标。为了提高透明度和尽可能便于使用，该框架还提供了有关负责生成相关数据的机构和数据源的信息（GoB，2018）。该国政府在《2018年可持续发展目标进度报告》（GoB，2018）中强调了这个框架的复杂性。例如，许多目标的进度追踪使用了多个指标的组合，而不是单个指标。此外，迄今为止，统计局尚未跟踪到与孟加拉国发展计划或可持续发展目标指标相关方面的数据。另外，这些数据在历史上是通过调研获取的，而调研间隔时间为3～5年。若想更频繁地产生数据，以及产生按性别或种族分类的数据，将需要额外的人力和财力资源（GoB，2018）。

对于国家自主贡献和GoB MoEFCC内的环境部全面负责管理与实施相关的国家监测、报告和验证系统（GoB，2017a）。除了上述两个监测和评估系统之外，在7FYP中还包含一个开发成果框架（DRF），用于监控计划进度。DRF中的成果和目标与可持续发展目标一致，侧重于减少贫困、宏观经济发展、就业、卫生、教育、水和卫生、运输和通信、电力、能源和矿产资源、性别和不平等、环境、气候变化和灾害管理、信息通信技术、城市发展、治理以及国际合作与伙伴关系（GoB，2018）。目前这3个系统之间的交互程度尚不清楚。基于该国的行政区划，这些系统的数据收集划分为64个区（所有区均被视为国民政府的一部分）。数据收集在地区一级进行，并在国家层面汇总（M. Saifullah，个人交流，2019）。

## （7）结论

从上述讨论中可以明显看出，孟加拉国正在采取适当的措施，将与国家发展有关的优先事宜同可持续发展目标和NDC-NAP保持一致。此外，气候智慧型农业作为帮助且推进多项目标的工具，在该国日益受到重视。随着气候智慧型农业在该国重要性的提升，政府可能会希望进一步采取FAO建议的气候智慧型农业实施步骤，并将以最大程度地与可持续发展目标和NDC-NAP议程整合的方式进行这些步骤。例如，巩固气候智慧型农业的证据库，并制定明确侧重于支持7FYP、可持续发展目标和NDC-NAP目标的独立气候智慧型农业策略，可能是有价值的初期步骤。在强有力的整体政府方法的支持下，孟加拉国政府拟采取更多步骤，以建立与气候智慧型农业、可持续发展目标和NDC-NAP紧密联系的机构能力。最后，尽管不仅仅针对气候智慧型农业，但政府宜在将气候智慧型农业纳入考虑的情况下，澄清各种监控、评估和报告框架之间的关系，这样可以最大程度地提高资源利用效率。

© 粮农组织/GMB Akash

## 附3.2 厄瓜多尔案例研究

### （1）厄瓜多尔的气候智慧型农业、可持续发展目标和国家自主贡献实施概述

厄瓜多尔的所有发展计划和行动都基于不断更新的《国家发展计划》，宪法规定该计划将成为发展政策、方案和项目的指导流程。因此，所有公共资源的分配也与《国家发展计划》保持一致。2017—2021年该国《国家发展计划》"Toda Una Vida"（NDP）明确地与可持续发展目标保持一致。该NDP分为9个目标，囊括政府已与17个可持续发展目标对应的140多个具体目标。例如，SDG 13（气候行动）与NDP目标3（保护当代和子孙后代的自然权利）一致，SDG 2（零饥饿）与NDP目标1（保证所有人享有同等机会的有尊严的生活）、目标5（增强包括重新分配和团结的可持续经济增长的生产力和竞争力）和目标6（发展农村生产力及实现粮食主权和福祉的能力）[①]一致（GoEc，2018）。

厄瓜多尔在2018年的《国家自愿评估》（VNR）中发现了几个明确针对农业的NDP政策与特定的可持续发展目标之间的联系。它们包括：

①SDG 1、SDG 2：

• 加强家庭和农民在食物供应市场上的组织、联合和参与。

②SDG 2：

• 与营养不良作斗争，消除营养不良并促进健康的生活习惯和行为，在粮食安全和主权框架内，各级政府、公民、私营部门以及大众与共享经济参与者之间建立起共同负责的机制；

• 促进具有社会和环境责任的国民生产，促进自然资源的有效管理，以及持久和环境清洁的技术的使用，以保证优质商品和服务的供应。

尽管NDP中未专门讨论《巴黎协定》和厄瓜多尔的国家自主贡献，但其9个目标中的两个包含了针对气候变化的政策。目标1（保证所有人享有平等机会的有尊严的生活），包括关于促进全面风险管理（包括气候风险）的政策重点。此外，目标3（保护当代和子孙后代的自然权利）包括侧重在国内和全球范围内促进减缓和适应气候变化的政策（GoEc，2017）。

厄瓜多尔第一个国家自主贡献（2020—2025年）包含了减缓和适应方面的内容。减缓措施侧重以下部门的减排：能源、农业、工业加工、废弃物处理，以及土地利用、土地利用变化和林业（LULUCF）。对于除LULUCF以外的所有上述部门，政府无条件地承诺到2025年将排放量降低常态情景的9%，

---

① 请注意，此处用"福祉"作为"buen vivir"的翻译，"buen vivir"是一种细微差别的概念，不易翻译成英文。

并有条件地再减少11.9%。对于LULUCF部门，政府无条件地承诺到2025年将排放量降低常态情景的4%，并有条件地再减少16%（GoEc，2019）。附表3.1重点列出了气候智慧型农业可以为厄瓜多尔国家自主贡献列出的行动。

**附表3.1　气候智慧型农业助力厄瓜多尔国家自主贡献的气候行动**

无条件行动与有条件行动是有区别的，后者取决于来自发达国家的融资情况。

| 部门 | 行动 |
|---|---|
| **无条件行动** ||
| 农业 | • 开展研究和构建信息系统，以加强农业部门的气候变化管理<br>• 在国家层面促进畜牧业的可持续发展 |
| 土地利用、土地利用变化和林业 | • 保护自然资源<br>• 加强可持续森林管理<br>• 加强自然资源的恢复<br>• 加强和增加可持续商用人工林的建立和管理<br>• 加强森林控制<br>• 加强国家保护区体系 |
| **有条件行动** ||
| 农业 | • 开展研究和信息系统构建，以加强农业部门对气候变化的管理（对无条件行动的补充）<br>• 在国家层面促进畜牧业的可持续发展（对无条件行动的补充）<br>• 在国家层面建立和实施可持续的农业生产系统（畜牧业和林业） |
| 废弃物管理 | • 通过实施减缓措施，建立公私合作的伙伴关系，以减少废弃物管理（固体和液体）中产生的温室气体 |
| 土地利用、土地利用变化和林业 | • 加强和扩大保护机制下的土地面积<br>• 加强可持续森林管理<br>• 促进恢复自然资源的行动<br>• 加强和增加可持续商用人工林的建立和管理<br>• 加强森林管理<br>• 加强森林火灾的预防<br>• 加强和扩大国家保护区系统<br>• 保护重要的水资源区域 |

关于国家自主贡献的适应部分，厄瓜多尔着重强调了2012年国家气候变化战略中确定的6个优先领域。其中一个领域是粮食主权、农业、畜牧业、水产养殖业和渔业。厄瓜多尔对国家自主贡献中的适应措施是制定一项国家级适应计划，指导将气候韧性纳入"社会、经济、环境或其他属性的政策、战略、计划、方案、项目、过程和倡议"中，从而在6个优先考虑气候适应的部门中

建立韧性和适应能力（GoEc，2019）。与粮食主权、农业、畜牧、水产养殖和渔业有关的适应工作任务，由农业和畜牧部负责，以下是已经确定的该部门适应工作的高度优先事项：

①设计和实施公共政策，以增强农业食品系统对气候的韧性；

②促进对土地使用和管理的负责任治理，以确保可持续、有气候韧性的农业生产。

该国政府指出，这些同时是无条件和有条件的优先事项，即根据资助政府努力的国际援助数量（如果有），在不同程度上实施（GoEc，2019）。该国国家自主贡献还强调了6个部门的适应工作与相应的可持续发展目标之间的相互联系。对于粮食主权、农业、畜牧、水产养殖和渔业部门，厄瓜多尔认为与可持续发展目标1（无贫困）、目标2（零饥饿）、目标8（体面工作和经济增长）、目标10（减少不平等）、目标12（负责任消费和生产）和目标13（气候行动）存在联系。

厄瓜多尔还处于推进气候智慧型农业的早期阶段，在2016年中刚启动第一个官方的气候智慧型农业项目。畜牧业是该国的主要排放源，并且生产率相对较低，还容易遭受气候变化的影响。全球环境基金资助了该国的"气候智慧型畜牧管理，以在脆弱省份恢复退化的土地，减少荒漠化风险"项目［以下称为"气候智慧型畜牧"（CSL）项目］。该项目着重于畜牧业中的减缓和适应，并在7个省试行了减少排放和固碳、建立畜牧系统韧性的方法。由于该项目同时应对气候和农业问题，它由环境与农业、畜牧和渔业部共同管理（FAO，2017f）。该项目旨在促进国家自主贡献对农业的关注。上述各部委分析了它为实现2025年目标做贡献的能力，如上所述，作为一项无条件行动，畜牧业的减缓被包含在国家自主贡献中。此外，该项目还为可持续发展目标1、2、8、12、13和15做贡献。该试点项目的最终目标是将气候智慧型农业纳入国家农业的核心计划（S. Avalos，个人交流，2019）。[①]

由意大利政府资助并由FAO执行的另一个项目，是针对可可产业（FAO，2019e）。它资助采用传统查克拉（Chakra）可可农林复合系统。该系统提高了可可生产中的碳储量（与普遍的可可单一种植相比），对气候变化具有更强的韧性，并提供了来自食品和非食品树木产品的额外收入来源。可可生产与天然林的融合还可以作为减缓农业生产导致的森林砍伐的一种机制。该项目进一步寻求提高小农可可生产者的创业技能，并增加他们在国际可可贸易中的增收机会。因此，它与可持续发展目标有着广泛的潜在接触点。

---

① 厄瓜多尔案例研究的受访者是：Eddie Pesantez（畜牧生产部副部长，农业和畜牧部），Stephanie Ávalos（气候变化部副部长，环境部）；Pamela Sangoluisa Rodriguez（粮农组织，厄瓜多尔农业和畜牧部、环境部）；以及Juan Merino Suing（粮农组织，厄瓜多尔农业和畜牧部、环境部）。

### （2）证据库扩展

在结合厄瓜多尔实现可持续发展目标及其国家自主贡献目标背景下的数据库扩展方面，CSL项目提供了一个很好的例子。该项目为建设与畜牧业有关的排放因子提供了信息。这些信息将用于厄瓜多尔国家温室气体清单的更新，标志着当前使用IPCC默认值的清单将得到改进。更新的清单预计将被用于创建第二个国家自主贡献（为2025年后使用）（J. Merino & P. Sangoluisa，个人交流，2019）。

这些排放因子数据是通过对实施项目的7个省中的419个农场采样而获得的。该抽样得出的数据置信率能够达到95%。来自环境部、农业和畜牧部的一组技术专家对数据进行了验证。从数据收集过程中得出了一个有趣发现，即牲畜业排放主要来自饲料管理。因此，现在该项目将重心放在牛的饲养管理上。作为分析的直接结果，该措施在2019年初发布的该国第一个国家自主贡献中得到了优先考虑（J. Merino & P. Sangoluisa，个人交流，2019）。

CSL项目还通过自下而上和自上而下的方法进行了数据库扩展。自下而上部分包括对目标生产者的脆弱性分析和参与式农村诊断。在此过程中，牲畜所有者针对具体情况，循序渐进地进行了系统化，确定了事务优先次序，并提出了潜在的解决方案。自上而下方法涉及从其他方面收集和分析具有技术潜力的替代品，这些替代品具有实现该项目对生产率、适应性和减缓目标的潜力。[①]由于这是一个试点项目，因此其产生的所有选项和相关分析，都将支持气候智慧型农业最终推广到该国其他地区。

### （3）资助扶持性政策框架和计划

《国家发展计划》的制定和实施过程是厄瓜多尔可持续发展目标优先事项的基础，由总统主持的国家计划委员会指导，该委员会由国家政府、地方政府和技术秘书处的代表组成（GoEc，2017）。为执行《国家发展计划》和可持续发展目标，秘书处负责协调由部长领导、总统办公室召集的多个部门委员会，这些委员会每月举行会议，以汇报各部委在实现可持续发展目标执行方面的进展情况（S. Avalos，个人交流，2019）。

其中部分原因是厄瓜多尔是一个高度分散的共和国，厄瓜多尔政府将工作重点放在让地方政府参与具有国家意义的发展计划和政策中。政府在2018年的国家自愿评估中强调了明确参与可持续发展目标议程的各个实体。这些包括：

①民间社会：通过民间社会磋商确定了一些已成为可持续发展目标议程的倡议，其中包括那些针对受2016年地震影响最大的地区的生计恢复倡议。

---

① 第4章"实地实施措施"部分进一步描述了后续步骤。

②地方辖区：所有辖区都将其领土发展计划与可持续发展目标保持一致。

③私营部门：通过协商过程，私营部门参与了许多倡议，包括注重可持续生产力和消除童工的措施。

④大学：全国各地的几所大学和研究机构都在努力进行知识积累和培训从业人员，以推进可持续发展目标议程。

⑤国际实体和非政府组织：这些组织为实施可持续发展目标议程提供技术、政治和某些财政支持。

针对气候变化，该国2010年的行政命令要求成立了机构间气候变化委员会（ICCC）。该委员会本质上是政治性的，旨在指导国家在国家层面上，根据国际框架参与气候变化（GoEc，2019）。该委员会由负责环境、对外关系、农业和畜牧业、电力和可再生能源、工业、水资源和风险管理的国家政府机构的高级代表组成。此外，委员会为市政协会和省政府财团保留了两名地方代表的无表决权的席位（GoEc，2019）。之所以在该计划和决策机构中纳入地方代表，是因为在国家层面做出的决定需要在地方层面执行，且需要确保它们在地方的实施是可行的（S. Avalos，个人交流，2019）。除国家机构外，该委员会还设立一个地方委员会，将地方层面的优先事项和需求告知ICCC，从而影响国家委员会的规划流程（S. Avalos，个人交流，2019）。

**（4）改善融资方案**

为了向气候智慧型农业（以及与此相关的国家可持续发展目标优先事项和国家自主贡献）提供预算编制和资金，厄瓜多尔正在寻求通过一项可持续的筹资战略，制定一种协调一致的方法。这将成为与实现可持续发展目标和国家自主贡献有关的资助计划和气候智慧型农业项目的唯一切入点。气候变化将是该战略的重点领域。消息人士称，气候智慧型农业将通过气候重点领域获得资助（S. Avalos，个人交流，2019）。

厄瓜多尔正在寻找扩大气候智慧型农业融资的机会。该国追求的一种方法是创建绿色信贷额度。厄瓜多尔的国家银行（BanEcuador）与粮农组织达成了一项协议，为该项目提供实施资助，以评估绿色信贷额度、鼓励气候智慧型畜牧业（CSL）（J. Merino & P. Sangoluisa，个人交流，2019）。这种信用额度的目的是为合格的生产者提供较低的利率和快速付款渠道（E. Pesantez，个人交流，2019）。此类信贷推广的一个障碍是缺乏易于可由银行系统用来监测和评估CSL的环境正面影响的工具。因此，CSL项目正在开发一种工具，用于评估针对开发绿色信贷额度的做法的潜在减缓影响。农业和畜牧部、环境部等最终希望在全国范围内提供绿色信贷额度，从而支持与畜牧业相关的正面的社会、环境和气候成果（J. Merino & P. Sangoluisa，个人交流，2019）。

厄瓜多尔还通过以多边气候融资的形式获得创新的融资来源，以努力推进气候智慧型农业。CSL项目由全球环境基金资助（S. Avalos，个人交流，2019）。此外还有一项项目活动是国家适度减缓行动（NAMA）提案，该国政府打算尽快使用该提案获得多边支持。所建议的项目将侧重于展示额外的资金可以促进的减缓潜力和共同利益（J. Merino & P. Sangoluisa，个人交流，2019）。

在为农业发展项目（与气候智慧型农业不特别相关）提供资金时，政府官员表示，在国家财务规划流程中，应尽可能考虑地方管辖权的财务需求，包括将地方管辖权的工作与多边、双边和私营部门融资相连接。因此，一些资金从国家辖区流向了地方辖区，但地方辖区通常也会自己提供一部分项目融资（S. Avalos，个人交流，2019）。

**（5）强化实地实施**

由于厄瓜多尔还处于从事气候智慧型农业的初期阶段，因此CSL项目可为其提供在实地实施气候智慧型农业的经验。该项目同时使用了第4.1节"证据库扩展"中所述的自上而下和自下而上的方法来开发因地制宜的特定干预措施。这些干预计划是通过项目的两个主要部委之间的合作制定的，地方合作伙伴也积极参与并支持了实地实施过程。生产者还直接参与制定实施计划的过程。在7个目标社区中的每一个社区都得到了针对每个气候智慧型农业行动的咨询，从而为每个特定社区建立了适合自身情况的流程。例如，在目标省份之一的因巴布拉（Imbabura），规划过程举行了10次协商讲习班，近330名生产者参加了会议。这一过程确定了规划中的关键问题（生产力低下、牧场使用不当、灌溉不足和挤奶条件差）。然后，生产者们集思广益，探讨了潜在的解决方案，例如使用能源银行、实施电子围栏以及与挤奶卫生有关的能力建设（J. Merino & P. Sangoluisa，个人交流，2019）。

**（6）监测、评估和报告**

如上所述，国家发展计划是实现可持续发展目标主流化、实施和监测的工具。国家计划和发展秘书处是负责协调国家发展计划的监测和评估实体，因此，它负责监测和评估可持续发展目标的相关工作（GoEc，2018）。一位消息人士指出，虽然国家发展计划没有明确涵盖国家自主贡献，也没有明确地对国家自主贡献进行监测和评估，但由于它包含了气候这一重点，因此通过对该计划进行监测和评估，可以进行一定程度的气候监测与评估（S. Avalos，个人交流，2019）。用于监测和评估国家发展计划的数据由国家统计和普查局管理（GoEc，2018）。

消息来源指出，尽管目前用于CSL项目的指标与用于可持续发展目标和国家自主贡献指标之间没有统一，但环境部正在为与气候相关的项目建立一致的监测、报告和核查（MRV）系统。该系统是CSL项目的一部分，将同国家发展计划相关的国内监测和评估系统保持一致。这有望在收集和分析数据时，实现更好的数据兼容性和成本效益。目前，对CSL项目的监测方法，是项目领导与7个省中各省的实施团队每月会面，对当月按计划实施的活动进行审查，并以百分比记录每个活动的完成进度（J. Merino & P. Sangoluisa，个人交流，2019）。

### （7）结论

显然，厄瓜多尔正在采取相关步骤来推进气候智慧型农业。尽管该国在气候智慧型农业方面的经验仍然有限，但该生产方式已被该国视为实现国家自主贡献目标的一种路径。目前该国还没有将气候智慧型农业用于实现特定可持续发展目标的具体目标，但在《国家发展计划》中，可持续发展目标与气候议程之间存在本质的一致性，这意味着气候智慧型畜牧项目也将对可持续发展目标产生积极影响。由于厄瓜多尔通过试点项目已经开始积累在气候智慧型农业方面的经验，随着经验的增长，中央政府可能希望将气候智慧型农业纳入主流农业、气候、可持续发展目标和发展计划。初步步骤可能包括：对相关部门进行全面的漏洞评估，分类列出适当的选项，以确保现有的政策和计划允许气候智慧型农业的发展，并使气候智慧型农业能够进一步纳入与可持续发展目标和国家自主贡献相关的工作。该国已经在探索为气候智慧型农业筹集资金的创新方案，并可能希望通过将气候风险因素纳入整个预算流程，例如在农业部门预算中，进一步发展这些方案。在监测和评估方面，消息人士确认与气候智慧型畜牧项目相关的指标同与可持续发展目标或国家自主贡献指标不直接一致，将来若对它们进行协调，可以进一步支持将气候智慧型农业与可持续发展目标和国家自主贡献相关的工作相整合。

## 附3.3 埃塞俄比亚案例研究

### （1）埃塞俄比亚的气候智慧型农业、可持续发展目标和国家自主贡献实施概述

增长和转型计划是埃塞俄比亚的国家发展计划，也是该国经济增长和发展进程的蓝图。该计划以五年为周期运行，目前正在执行其2015.16—2019.20时期的第二个增长与发展计划（GTP Ⅱ）。GTP Ⅱ的主要重点是实现到2025年埃塞俄比亚成为中等偏下收入国家的愿景。GTP Ⅱ的创建过程于2016年初结束，该计划明确考虑了可持续发展目标（T. Bemnet，个人交流，2019）。鉴于农业仍然是埃塞俄比亚经济的主体，因此在GTP Ⅱ中农业发展和生产力尤为重要。该计划包括与以下各项有关的目标：生存和特产（例如咖啡和园艺作物）、牲畜生产力、自然资源的保护和利用、农业研究、生物多样性保护和利益分享和有灾害韧性的粮食安全（GoEt，2016）。

GTP Ⅱ整合了气候适应型绿色经济战略（CRGE），这是该国解决气候减缓和适应目标的路标（GoEt，2015a）。气候适应型绿色经济战略出台于2011年，它也为到2025年实现中等偏低收入状态的国家愿景做出贡献，并承认遵循常规发展道路将导致温室气体排放量急剧增加，并导致自然资源的不可持续利用（GoEt，2011）。气候适应型绿色经济战略通过以下4种主要方法将该国2030年的温室气体排放量限制在150兆吨二氧化碳当量以下，比常态情景下减少250兆吨二氧化碳当量：

①改善作物和畜牧生产方式，以增进粮食安全和农民收入，同时减少排放；

②保护和重建森林以服务经济和生态系统，包括作为碳库；

③将可再生能源发电扩大到国内和区域市场；

④在运输、工业部门和建筑领域中向现代化和节能技术跨越。

埃塞俄比亚的国家自主贡献以气候适应型绿色经济战略为基础，并基于上述相同的4种减缓方法。该国承诺将2030年的温室气体排放量限制在145兆吨二氧化碳当量或更低，比2030年的常态情景降低64%（GoEt，2015a）。该国在国家自主贡献中还强调了几项应对气候变化的优先事项，其中许多与农业有关（T. Bemnet，个人交流，2019），包括：

①提供以前种植但已经不适宜种植的作物改良品种；

②改善农林复合和可持续造林带来的经济机会；

③通过收集雨水和节约用水来改善灌溉系统；

④通过生态农业、可持续土地管理做法和改进后的畜牧生产来增强生态系统健康；

⑤发展气候风险保险制度，以支持农民和牧民；

⑥减少火灾和虫害的发生率及其影响程度；

⑦加强并增加对抗病作物和饲料品种的育种能力，以及向农民和其他土地利用者的发放能力，以便更好地应对病虫害的发生和蔓延。

从以上讨论可以明显看出，埃塞俄比亚高度优先考虑农业生产力以及农业部门的气候减缓和适应。因此，该国完全有能力通过气候智慧型农业来同时实现这些目标，并且他们已经开始做到了这一点。国际热带农业中心和美国国际开发署粮食安全局（CIAT & BFS/USAID,2017）对埃塞俄比亚的气候智慧型农业进行了全面概述，着重介绍了目前通过各种干预措施来实施气候智慧型农业的许多做法，例如精准施肥，选择具有气候韧性的农作物品种，利用天气信息，改善牲畜饲养系统和农林复合业。除了GTP Ⅱ、气候适应型绿色经济战略和国家自主贡献之外，该国正在实施许多其他政策，以积极推进气候智慧型农业。这些计划包括2011年农业增长计划、2015年埃塞俄比亚牲畜育种政策以及2009年非洲综合农业发展计划等。实际上，该国推动气候智慧型农业的政策，可以追溯到1997年《埃塞俄比亚环境政策》（CIAT & BFS/USAID, 2017）。但是，应该指出的是，该国历史上推进气候智慧型农业的各种政策都集中在生产力和气候适应性的交叉点上，而很少关注农业部门对气候变化的减缓工作(CIAT & BFS/USAID, 2017)。因为埃塞俄比亚必须将重点放在减少贫困上，但要实现其CRGE和国家自主贡献目标，确实还需要重点关注农业减缓问题。

**（2）证据库扩展**

埃塞俄比亚采取了FAO建议的许多步骤，作为气候智慧型农业证据库扩展过程的一部分。由于其已经将气候智慧型农业视为实现可持续发展目标和国家自主贡献议程不可或缺的一部分，因此可以假设，为扩展证据库所做的这些努力将使气候智慧型农业与实现可持续发展目标和国家自主贡献目标（以及国家发展目标）的工作更深入地融合。

埃塞俄比亚于2015年完成了《农业气候抵御力战略》，作为气候适应型绿色经济战略的一部分（GoEt，2015b）。它包括对农业部门脆弱性的评估，即调查极端天气对历史的经济影响，从总体上了解问题的严重性以及制定全国各类食品生产者的生计系统及其受气候影响程度图。第二步骤可以帮助该国为14个适应规划区（基于生物物理条件）逐个创建风险状况简介，这14个区是该国为气候韧性战略设置的（GoEt，2015b）。

这项脆弱性评估是农业部门韧性战略的另一个关键选项，即鉴别和评估适应方案。政府首先审查了一系列计划和良好做法，并确定了约350种独特的、有潜力的适应方案，然后根据以下4个标准对这些选项进行了优先序排序：与本地情况的相关性和在当地的可行性；为增长和转型计划目标做出贡献的能力；

减轻贫困、解决分配和公平问题以及确保粮食安全的能力；以及降低与当前和未来气候变化相关成本的能力。通过筛选过程，产生了41个有前途的入围方案。根据政府的分析，这些方案全都与大多数适应计划区相关。但是，韧性战略指出，子选项的相对或绝对优先级将依据本地因素而有所不同。这41个备选方案涉及有利的环境和生产实践，例如作物和水的管理、信息和意识、能力建设和机构协调、社会保护和畜牧生产（GoEt，2015b）。

由于确定优先次序的过程主要基于专家的判断，因此政府的下一步是通过严格的多属性分析（MAA）程序来运行每个选项，并进行成本效益分析。MAA的内容之一是对每个选项进行以下方面的评分：经济成本和收益、气候韧性和稳定性、协同作用和共同收益、紧迫性、分配效应以及性别和机构的可行性和阶段性。该分析是为优先行动制定实施计划的最后一步（GoEt，2015b）。

对气候智慧型农业证据库的贡献还包括对排放的技术分析，这是气候适应型绿色经济战略准备工作的一部分。子技术委员会（STC）、部际工作组承

©粮农组织/Giulio Napolitano

担了为许多具有重要经济意义的高排放量行业编制排放清单的任务。这些行业包括以下农业子领域：土壤、畜牧业和林业。STC负责以下工作：

①制定了截至2030年常态情景下（BAU）对每个重点领域的经济增长和相关排放量的预测；

②确定并分析了潜在的杠杆或举措，它们将有助于经济增长和发展，同时减少相对于常态情景下的排放；

③根据减排的成本、可行性、财务和实施要求来评估并确定优先级；

④记录并总结气候适应型绿色经济战略的发现。

**（3）资助扶持型政策/规划**

如上所述，《增长与转型计划》是该国发展的总体政策和规划过程，既包括了气候适应型绿色经济战略（这是国家自主贡献的基础），也包括了可持续发展目标。因此，通过增长与发展计划（GTP），该国实现了可持续发展目标和国家自主贡献议程的整合。此外，由于农业是经济发展中十分重要的部门，因此，在提高生产力和收入的同时，努力提高该部门的韧性或减少排放的工作，长期以来一直是国家发展目标的核心之一。

在气候智慧型农业政策和规划环境方面，CIAT和BFS/USAID（2017）指出，埃塞俄比亚"通过研究、培养推广人员和实地示范，正卓有成效地将气候智慧型农业带入政策讨论和农民运用中。随着这种工作的数量和范围不断增加，干预措施的协调以及与现有政策的匹配将是对资源有效支出和增值的关键。"不过，埃塞俄比亚确实有协调计划程序的机制。例如，被授权领导策划过程的国家计划委员会（GoEt，2016）通过向各部委提供清单，确保将主要国家目标纳入部门计划进程主流化，从而促进将气候行动和可持续性整合过程计划中（B. Assefa，个人交流，2019）。

**（4）加强国家和地方机构的能力建设**

埃塞俄比亚具有适当的结构，可以在国家计划委员会的协调下，通过GTP的计划和实施过程，使整个政府的发展得以实现。

气候适应型绿色经济战略由部际指导委员会（ISC）协调，该委员会对总理办公室负责，并受权监督气候适应型绿色经济战略实施。所有相关部门机构的部长都是该指导委员会成员。ISC之下有一个管理委员会，由环境、森林与气候变化部和财政部共同主持，并由部门代表组成。此外，埃塞俄比亚还设立了一个咨询委员会，由多边组织、国际非政府组织、民间社会、私营部门和学术界组成。该咨询委员会审核部门行动计划，并对上述管理结构提出意见和建议。

上述机构是在2011年气候适应型绿色经济战略启动后立即建立的，但在最近得到了完善。有人指出，许多由国际服务中心作出的决定没有得到充分执行，这主要是因为地方一级的代表没有出席或不是委员会的一部分，导致委员会仅由联邦级部长组成（T.Bemnet，个人交流，2019）。由于埃塞俄比亚是一个地区性州联合体，因此地区级机构与气候适应型绿色经济战略的实施直接相关。实际上，该战略指出，各州需要与相关联邦机构合作，负责执行大多数气候适应型绿色经济战略计划，而区域和联邦之间的协调工作则由各州环境机构负责（GoEt，2011）。为了弥补执行方面的不足，埃塞俄比亚改变了ISC会议的结构，使区域州长和区域环境机构负责人也被包括在内，从而提高了地方各级机构对该战略的认识和支持（T. Bemnet，个人交流，2019）。此外，联邦政府通过能力建设计划和工具开发将气候适应型绿色经济战略优先事项纳入了地方计划流程的核心部分，从而直接支持各州的实施责任（T. Bemnet，个人交流，2019）。

**（5）改善融资方案**

为了给GTP Ⅱ实施（包括可持续发展目标和相关的气候智慧型农业措施）融资，该国政府最近受委托开展了有关研究，以增进对财务需求和机遇的了解（S. Tesfasilassie Tegnene，个人交流，2019）。政府还在探索通过提高调配和利用国内资源的国家能力来筹集资金的可能。政府指出，税收是GTP的主要资金来源，且在过去10年中有所增加。但与经济增长潜力相比，税收收入水平仍然较低，难以满足与实现国家目标相关的预期资源需求（GoEt，2017）。因此，作为GTP Ⅱ的一部分，埃塞俄比亚正通过扩大税收基数、执行税法以及增强税收和关税的机构能力，着重动员国内资源。为此，政府制定了一个艰巨的目标，将税收收入从2014/15年度GDP的12.7%提高到2019/20年度的17.2%（GoEt，2017）。

关于为气候适应型绿色经济战略（以及相应的国家自主贡献和相关的气候智慧型农业措施）筹集资金，政府在其国家自主贡献中指出，该国需要得到财务、能力建设和技术转让等形式的可预测、可持续和可靠的支持。政府估计，要完全实施气候适应型绿色经济战略，截至2030年将需要1 500亿美元，融资形式主要是政府支出和其他融资，包括来自私营部门和发展伙伴。为了更清楚地了解融资需求，国家自主贡献议程着重指出，该国还需要进行以下研究：量化和分配政府将自行支持的，以及需要国际支持的减排承诺；并确定若要引入更多政策刺激投资，以实现气候适应型绿色经济战略和国家自主贡献目标，需要哪些技术支持（GoEt，2015）。

尽管相关分析还在进行中，气候适应型绿色经济战略显示该国政府为实现目标已吸引了私人投资（GoEt，2011）。该战略强调了一个事实，即政府已通过以下具有潜在回报的项目，创造了可获取资金的气候减缓工作：

①畜牧业减排有关的信用贷款；

②与类似REDD（造林和再造林）项目相关的信用贷款；

③为建设发电设施的融资；

④农村节能灶具。

关于实施气候适应型绿色经济战略项目的机构基础设施，政府设立了一项多方捐助信托基金，即气候适应型绿色经济战略基金，以汇集所有资金，包括国内、私人、双边和多边，但特别着重于吸引双边资金，用来落实各项优先事项，气候适应型绿色经济战略基金会跟踪专门分配给气候智慧型农业的任何资金（B. Assefa，个人交流，2019）。政府指出，建立该基金是为了摆脱基于项目的融资，以确保资金被有策略地、连贯地汇集和部署（GoEt，2015b）。在建立该基金时，政府确定了30多个潜在的国际公共资金来源，并根据以下信息对这些来源进行了分类：部门和地区工作重点；提供的融资工具类型，例如赠款、贷款等；埃塞俄比亚以前是否曾得到过该来源的支持；如果是，则考虑该来源下尚未使用的融资金额（GoEt，2015b）。

**（6）监测、评估和报告**

GTP Ⅱ的监测与评估（M & E）系统监测和评估了支持GTP Ⅱ目标的气候智慧型农业活动。该国政府在2017年的《国家自愿评估》中指出，各级政府行政管理部门都在监测可持续发展目标及其具体目标的实施情况，这是GTP Ⅱ监测过程的一部分。监测与评估过程是针对特定部门的。国家计划委员会在每个财政年度向被授权执行指定的GTP Ⅱ目标（及相关的可持续发展目标）的实体下达指令，要求他们提交绩效报告。这些机构将报告提交给国家计划委员会，然后由他们进行系统分析。当与报告有关的数据不完整或不一致时，委员会将与相关部门实体合作进行更正。然后，该委员会将准备一份全面的国家绩效评估报告，提交给总理办公室以及立法机构，以进行审查和采取行动（GoEt，2017）。为了节省资源和能力，针对气候智慧型农业的监测和评估并未与上述GTP Ⅱ监测与评估流程分开进行。相反，政府将GTP Ⅱ的监测与评估和报告系统设计得足够全面，以提供有关进展和挑战总体情况的信息，但是从组成该报告的部门报告中可以更详细查看各个部门的情况（S. Tesfasilassie Tegnene，个人交流，2019）。

气候适应型绿色经济战略（包括相关的气候智慧型农业措施）的监测、评估和报告，也采用了上文制度安排部分所述的机构。环境保护局拥有一个由部门专家组成的团队，负责监督项目，并向公众提供有关这些项目及其成果的信息（GoEt，2011）。

**（7）结论**

从以上讨论可以明显看出，埃塞俄比亚已采取有意义的步骤，以综合方式实施可持续发展目标和国家自主贡献优先事宜。由于农业仍然是该国经济和民生的主要驱动力，因此在埃塞俄比亚为实现该国的可持续发展目标和国家自主贡献目标所做的努力中，农业尤其是气候智慧型农业措施，占据了重要地位。显然，埃塞俄比亚已采取有关措施，它们主要通过气候适应型绿色经济战略计划流程来建立气候智慧型农业数据库，以及该国拥有实施GTP II和气候适应型绿色经济战略的健全政策和体制框架。不过，要实现与现有的许多其他农业政策之间的协调，可能需要付出额外的努力。此外，尽管尚无现存的信息进行全面评估，但政府可能仍希望采取措施使气候智慧型农业在预算编制过程变得更加主流化。

## 图书在版编目（CIP）数据

气候智慧型农业与可持续发展目标：互联与协同及冲突关系的解析和综合实施指南 ／ 联合国粮食及农业组织编著；张卫建， 张星玥译.—北京：中国农业出版社，2021.11
（FAO中文出版计划项目丛书）
ISBN 978-7-109-28518-7

Ⅰ．①气… Ⅱ．①联… ②张… ③张… Ⅲ.①气候变化－影响－可持续农业－农业发展－研究－世界 Ⅳ.①F313

中国版本图书馆CIP数据核字(2021)第130678号

著作权合同登记号：图字01-2021-2164号

气候智慧型农业与可持续发展目标：
互联与协同及冲突关系的解析和综合实施指南
QIHOU ZHIHUIXING NONGYE YU KECHIXU FAZHAN MUBIAO：
HULIAN YU XIETONG JI CHONGTU GUANXI DE JIEXI HE ZONGHE SHISHI ZHINAN

中国农业出版社出版
地址：北京市朝阳区麦子店街18号楼
邮编：100125
责任编辑：郑　君
版式设计：王　晨　　责任校对：刘丽香
印刷：中农印务有限公司
版次：2021年11月第1版
印次：2021年11月北京第1次印刷
发行：新华书店北京发行所
开本：700mm×1000mm　1/16
印张：9.25
字数：180千字
定价：80.00元